D1254653

Holt Spanish Level 1

¡Ven conmigo!®

Lis ... ies

Austin • Ne...   ...to • London

Contributing Writers:

Diane Donaho
Jean Miller
Dana Todd

Cover Photo Credits:
(tl) Marty Granger/Edge Video Productions/HRW; (tr) Image Club Graphics ©1998 Adobe Systems Inc./HRW; (br) Michelle Bridwell/Frontera Fotos

Photo Credits:
All photos by Sam Dudgeon/HRW except:
Page 75, (all) David Phillips/Words & Images

¡VEN CONMIGO! is a registered trademark licensed to Holt, Rinehart and Winston.

Printed in the United States of America

ISBN 0-03-052674-4

4 5 6 7   021   03 02 01 00

Contents

Student Response Forms for Textbook Listening Activities and Additional Listening Activities

Scripts and Answers for Textbook Listening Activities and Additional Listening Activities

Scripts and Answers for Testing Program

To the Teacher

The *Listening Activities* book presents many of the listening activities available for use with Level 1 of *¡Ven conmigo!* Here, presented in one book and packaged together by chapter for ease of access, use, and review, you will find the materials needed to include listening practice at every point in your lesson cycle. The recordings for all the activities in this book can be found on the *¡Ven conmigo! Audio Compact Discs.*

What will you find in the Listening Activities book?

• **Textbook Listening Activities, Student Response Forms, Scripts and Answers**
The listening activities in the *¡Ven conmigo! Pupil's Edition* are designed to practice and develop listening comprehension skills in real-life contexts. The Textbook Listening Activities, which are indicated in the *Pupil's Edition* with a listening icon, feature a wide variety of situations and tasks, such as phone messages, exchanges in a store or restaurant, or conversations between friends about school and free-time activities. Many of the activities are art-based, and in some cases, students will need to look at the art on the corresponding page of the *Pupil's Edition* as they complete the activity on the Student Response Form. Copying masters of the Student Response Forms for each chapter's listening activities are included here. Each copying master is referenced by page number to the corresponding page in the *Pupil's Edition*. In addition, this book contains the scripts and answers to all Textbook Listening Activities, also organized by chapter. Scripts for the **Letra y sonido** dictation and pronunciation exercises are also included.

• **Additional Listening Activities, Songs, Copying Masters, Scripts and Answers**
Six Additional Listening Activities per chapter, two for each **paso**, provide further listening comprehension practice. The purpose of these Additional Listening Activities is to develop, reinforce, and refine listening skills, using contexts that simulate real-life settings. Students hear conversations, announcements, advertisements, radio broadcasts, weather reports, and so on. The Additional Listening Activities are thematically related to each chapter and focus on the target vocabulary and grammar points, but also contain some new and unfamiliar material. For further practice, each chapter of Additional Listening Activities also includes a song. This *Listening Activities* book contains the copying masters for the Additional Listening Activities and song lyrics, organized by chapter. Also included are the scripts and answers to each Additional Listening Activity.

• **Quiz and Test Listening Scripts and Answers** The *Listening Activities* book also contains the scripts and answers for the listening sections in each quiz and test of the *¡Ven conmigo! Testing Program*, as well as the scripts and answers to the Midterm and Final Exams. The listening sections of the quizzes and tests are brief, contextualized activities that test both discrete-point and global listening skills. The emphasis is on evaluating students' ability to recognize target vocabulary and structures in a variety of real-life contexts.

How can you use the materials in the Listening Activities book?

The goal of *¡Ven conmigo!* is the development of proficiency in all four skills. To develop proficiency in aural comprehension, the program facilitates incorporation of listening activities into all phases of the lesson cycle, from presentation, to practice and expansion, to review and assessment. The materials gathered together in the *Listening Activities* book allow you to familiarize yourself quickly with the many listening options available to you and your students with this program, and to incorporate these materials easily into your lesson. All the recordings feature a wide variety of native speaker voices, thus allowing students to experience and become familiar with a range of authentic Spanish-speaking accents that they may encounter while studying or traveling in the Spanish-speaking world.

- **Using the Textbook Listening Activities** In each chapter, there are different kinds of Textbook Listening Activities, each appropriate for use at specific points in the lesson cycle. Icons in the *Pupil's Edition* indicate listening activities. First, you may use the listening activity following an **Así se dice** or **Vocabulario** presentation to develop students' recognition of new material. Second, as students move from recognition to production, you may use subsequent Textbook Listening Activities, as well as the **Repaso** listening activity, to develop more global listening skills and to reinforce the language students are beginning to produce. The Textbook Listening Activities are also excellent preparation for the listening sections on the quizzes and tests. The **Letra y sonido** listening activities, also presented in this book, are pronunciation and dictation exercises focusing on sounds that are often difficult for English speakers learning Spanish, such as the vowels, intervocalic *d*, and double *r*. These activities are contextualized to their corresponding chapters and draw on material from each **paso**. You may wish to use these exercises toward the end of the chapter, as part of your review and to fine-tune students' listening and speaking skills.

- **Using the Additional Listening Activities** The Additional Listening Activities are ideal for developing global listening skills, and may be best used towards the end of a **paso** or chapter. The fact that these activities contain some unfamiliar material helps students to learn an invaluable lesson in developing listening proficiency: They need not understand every word in order to comprehend the main idea. These activities may also be used to review for the test, and to offer the faster-paced students a challenge and the opportunity to experience language that is slightly ahead of their level. The songs, although thematically linked to each chapter, may be used at any time. Teachers use songs in many ways: as part of a culture lesson or "fun" day; to present or reinforce certain vocabulary or structures; or to practice listening comprehension by turning the song lyrics into a cloze or matching activity.

- **Using the Quiz and Test Listening Scripts and Answers** The anxiety many students feel when faced with a listening section on a quiz or test may affect their performance. To help lower anxiety, remind students that the tasks they are asked to do on the quizzes and tests, as well as the voices they will hear, are very similar to what they have done and heard in the Textbook Listening Activities and the Additional Listening Activities. Many teachers find it preferable to administer the listening portion of the quiz or test first, and then have students proceed with the other sections. You may have students complete the listening portion of the quiz or test on one day, then administer the rest of the test the next day. You may also play the recording once and ask students just to listen, then replay it and have students complete the task.

Student Response Forms for Textbook Listening Activities and Additional Listening Activities

Student Response Forms

6 Escuchemos: Por teléfono   p. 7

Imagine that you work as a receptionist answering the telephone. Listen as several Spanish speakers spell their names for you. Write each name as you hear it spelled.

1. _____

2. _____

3. _____

4. _____

5. _____

6. _____

13 Escuchemos: Números de teléfono   p. 10

Listen as four Spanish speakers tell you their telephone numbers. Based on what you hear, match each speaker's name with the right number.

1. Nicolás   745-08-12

2. Juana   391-23-46

3. Miguel   510-57-24

4. Cristina   473-00-16

¡Ven conmigo! Level 1, Preliminary Chapter

6 Escuchemos: Una recepción p. 21

You're at an all-day open house celebration at Miguel Ángel's house. As you listen, decide whether the person is arriving or leaving.

	Arriving	Leaving
1. Alicia		
2. Santiago		
3. don Alonso		
4. Mariana		
5. doña Luisa		
6. David		

9 Escuchemos: ¿Cómo respondes? p. 23

Look over the **Así se dice** section on page 22 of your textbook. Then, listen as some people at a party introduce themselves to you. Respond with one or two appropriate phrases.

1. _____

2. _____

3. _____

4. _____

5. _____

6. _____

7. _____

13 Escuchemos: ¿Cómo estás? p. 24

As each friend tells Sara how he or she is, write the person's name under the appropriate heading.

	bien	regular	mal
1.			
2.			
3.			
4.			
5.			
6.			

Student Response Forms

18 Escuchemos: Edades   p. 28

Daniel is showing Adriana pictures in the family album. Listen as he tells how old each relative is. Then match the correct picture on page 28 of your textbook to the age he gives.

	Nombre	Edad
a.	_____	_____
b.	_____	_____
c.	_____	_____
d.	_____	_____
e.	_____	_____

21 Escuchemos: ¿De dónde es?   p. 29

You'll overhear students talking at a party. As you listen, write the name of the country each person is from. Then choose three of the students and write a sentence telling where each one is from.

	Country
1. Gabriela	
2. Maricarmen	
3. David	
4. Antonio	
5. Laura Alicia	
6. Pedro	

1. _____

2. _____

3. _____

Student Response Forms

29 Escuchemos: Planes p. 32

Elena and Carlos are trying to make plans. As you listen to them talk, note which items Elena likes and doesn't like. Is there anything she and Carlos both like? What would you suggest they do together?

	Sí	No
1. el voleibol		
2. la pizza		
3. la música pop		
4. la comida mexicana		
5. el restaurante Taco Paco		

Elena and Carlos should _____

32 Escuchemos: Una fiesta p. 33

You're in charge of planning a party for Diana. Listen as a friend asks Diana what she likes and doesn't like. Take notes. Then, based on your list, decide one sport, one food, and one kind of music you would include in a party to please her.

Likes	Doesn't Like

Sport: _____

Food: _____

Music: _____

■ PRIMER PASO

1-1 You are visiting the home of your friend, Andrés, a new student whose family recently moved to your town from Madrid. For each statement you hear, choose the best response.

1. a. ¿Cómo te llamas?
   b. Buenos días.
   c. Encantado.

2. a. Estoy bien, gracias.
   b. Buenas noches.
   c. Igualmente.

3. a. Muchas gracias.
   b. Mucho gusto.
   c. Éste es mi amigo Juanito.

4. a. Hasta luego.
   b. Me llamo Juanito.
   c. Igualmente.

5. a. Hasta luego.
   b. Hasta mañana.
   c. Igualmente.

6. a. Adiós.
   b. Buenas tardes.
   c. Mucho gusto.

7. a. Hasta mañana.
   b. Mucho gusto.
   c. Me llamo Manolo.

8. a. Adiós.
   b. Ésta es mi madre.
   c. Igualmente.

1-2 Listen to Félix. Is he telling you something about himself? Is he talking to you? Is he asking you something? For each statement you hear, place a check mark in the appropriate column.

	Félix is telling you something about himself	Félix is asking you a question or addressing you
1.		
2.		
3.		
4.		
5.		
6.		
7.		
8.		

Additional Listening Activities

■ SEGUNDO PASO

1-3 Your entire family is coming to Madrid for your sister's wedding and you have to pick them up at the train station. You have a list with the train numbers for each family member. Are they the trains being announced? Listen closely to each announcement. Write **sí** in the box next to the train number if they announce the train you're expecting.

Tren

1.	12	
2.	11	
3.	17	
4.	20	
5.	30	
6.	9	
7.	19	
8.	28	
9.	16	
10.	3	

1-4 You are at a party with some Spanish-speaking friends. First, listen to each person's introduction and make a note of the person's age and where he or she is from. Listen again and check your work.

Name	Country of Origin	Age
1. Guillermo	_____	_____
2. Beatriz	_____	_____
3. Manuel	_____	_____
4. Patricia	_____	_____
5. Gina	_____	_____

¡Ven conmigo! Level 1, Chapter 1

Additional Listening Activities

■ TERCER PASO

1-5 Listen to Lucinda, Tomás, and Gerardo as they answer the question **¿Qué te gusta?** Next to each item, write the initials (**L**, **T**, or **G**) of the person or persons who like(s) it. Keep in mind that all three may like some items.

1. _____ el tenis   4. _____ la clase de inglés   7. _____ la comida china

2. _____ el fútbol   5. _____ la música rock   8. _____ la pizza

3. _____ el béisbol   6. _____ la música clásica   9. _____ la fruta

1-6 Listen as Mario reads aloud a letter he just wrote to his new pen pal, Luz. Some of the words are missing. Fill them in as Mario reads. Remember to concentrate on the words that are left out. Don't be distracted by words you don't understand.

20 de septiembre

Querida Luz,

¡_____! ¿Cómo _____? Me llamo Mario Luis Santos Rodríguez.
         1.   2.

_____ alumno en el Colegio Santiago de Compostela. Tengo _____
         3.   4.

años. Juego al fútbol y al _____. Me _____ también el baloncesto.
                                          5.   6.

to. Mi clase preferida es el _____. Quiero vivir en los Estados Unidos algún
                                          7.

día. Pues, espero recibir _____ carta tuya muy pronto.
                                          8.

Tu amigo,

Mario

Additional Listening Activities

SONG

This song is believed to have originated in Spain. It is now enjoyed throughout the Hispanic world. It is sung first with the regular lyrics, then five more times, each time replacing all vowels with one of the five Spanish vowels: **a, e, i, o,** and **u**. At the end it is sung one last time with the original lyrics.

La mar estaba serena

1.
La mar estaba serena,
Serena estaba la mar. *(Repite)*

2.
La mar astaba sarana,
Sarana astaba la mar. *(Repite)*

3.
Le mer estebe serene,
Serene estebe le mer. *(Repite)*

4.
Li mir istibi sirini,
Sirini istibi li mir. *(Repite)*

5.
Lo mor ostobo sorono,
Sorono ostobo lo mor. *(Repite)*

6.
Lu mur ustubu surunu,
Surunu ustubu lu mur. *(Repite)*

This song is recorded on *Audio Compact Discs,* CD 1, Track 40. Although it is presented in this chapter, it can be used at any time.

6   Escuchemos: Arturo y Sumiko   p. 47

Listen as Arturo and Sumiko talk about what they need for school. Make a list of what they need and circle the item that they both mention.

Arturo	Sumiko
1. _____	1. _____
2. _____	2. _____
3. _____	3. _____

8   Escuchemos: ¿Qué necesito?   p. 48

Blanca is stocking up on school supplies before school starts. Listen as she makes up her shopping list. Ignoring the things she already has, write only the things she needs. Start your answer with **Necesito...**

_____

_____

_____

Student Response Forms

16 Escuchemos: ¿Qué hay? p. 52

Listen as Julio describes what's in his room. Write the items he mentions. How is the room he describes different from Débora's room in the picture on page 52 of your textbook?

1. _____   7. _____

2. _____   8. _____

3. _____   9. _____

4. _____   10. _____

5. _____   11. _____

6. _____   12. _____

The differences in the two rooms are:

_____

_____

27 Escuchemos: Victoria y Tomás p. 57

Listen as Victoria lists what she and Tomás need to do before Monday. Place a check under the name of the person who needs to do each thing. What do both of them need to do?

	Victoria	Tomás
1. hacer muchas cosas	_____	_____
2. ir al centro comercial	_____	_____
3. comprar una mochila	_____	_____
4. organizar el cuarto	_____	_____
5. encontrar la mochila	_____	_____
6. poner la ropa en el armario	_____	_____
7. hacer la tarea	_____	_____

They both need to . . .

_____

Student Response Forms

Repaso Activity 1 : p.62

Imagine that you're an exchange student in Madrid. Your host brother Juan Carlos is helping you decide what you'll need for school. Based on what Juan Carlos says, how many of each item do you need?

a. cuaderno _____

b. diccionario _____

c. bolígrafo _____

d. carpeta _____

e. lápiz _____

f. mochila _____

Nombre _____ Clase _____ Fecha _____

Additional Listening Activities

■ PRIMER PASO

2-1 Sebastián and Olga both have the same style of bookbag, and the bags have been switched! Help decide who each bookbag belongs to by listening to each person describe what's in it. Then circle the appropriate name under each bookbag.

Sebastián   Olga   Sebastián   Olga

2-2 Imagine that you work at the **Librería San Martín** and one of your duties is to take orders by phone. Listen to the following messages left by some customers. Complete the order form below with the items and the number of each item the customer wants. Some of the information has already been filled in for you.

Nombre	Cantidad	Artículo
1. Silvia Rivera	2	
		carpetas
	1	
2. Damián Brazos		libros
	2	
		lápices
3. Cristina Peralta	7	
	6	
		pincel
4. Raúl Márquez	9	
		mochila
		marcadores

Additional Listening Activities

■ SEGUNDO PASO

2-3 Listen as Sra. Sánchez talks with her children Norberto and Diana about what they need to buy for the new school year. Write **N** (for Norberto) or **D** (for Diana) below each item pictured, according to who needs it.

_____

_____

_____

_____

2-4 You'll hear part of a radio interview with Germán Ruidoso, the famous rock star. Listen as Germán describes his room to the interviewer. Put a check by the things that he already has in his room under the **Ya tiene** column and the things he wants or needs under the **Quiere** column.

	Ya tiene	Quiere
1. estéreo		
2. libros		
3. cama		
4. carteles		
5. dos teléfonos		
6. televisor		
7. revistas		

Additional Listening Activities

■ TERCER PASO

2-5 **¡Qué desastre!** Toño lost his address book. He can remember his friends' names and the streets they live on, but not their house or phone numbers. Listen as his friends give him the missing information, and write it in his new address book below.

Nombre:	*Felipe Gamboa*
Dirección:	*Calle Mirador*
Teléfono:	
Nombre:	*Virginia Pascual*
Dirección:	*Calle Santa Lucía*
Teléfono:	
Nombre:	*Roberto Morales*
Dirección:	*Calle Palmeras*
Teléfono:	
Nombre:	*Antonia Véguez*
Dirección:	*Calle Galdós*
Teléfono:	

2-6 The weekend's finally here and everyone wants to have some fun. However, there are still a lot of things that need to be done first. First, listen as Lichita and her friends say what they want and need to do and then match each with the appropriate picture.

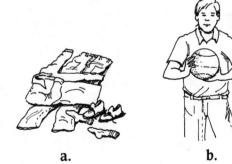

a.   b.   c.   d.

1. **Horte** _____   3. **Lichita** _____

2. **Pepe** _____   4. **Armando** _____

Additional Listening Activities

COPYING MASTERS

SONG

De colores is a classic **tuna** song about life, love, and a countryside full of bright and vibrant colors. A **tuna** is a singing group backed up predominantly by stringed instruments. It had its origins in the Middle Ages, and still today **tuna** members wear medieval costume, including long capes on which the male singers pin colored ribbons given to them by their girlfriends.

De colores (Spain)

De colores,
De colores se visten los campos en la primavera
De colores,
De colores son los pajarillos que vienen de afuera
De colores,
De colores es el arco iris que vemos lucir.

Refrán
Y por eso todos los amores
De muchos colores me gustan a mí. *(Repite.)*

Canta el gallo,
Canta el gallo con el quiri quiri,
con el quiri quiri.
La gallina,
La gallina con el cara cara,
con el cara cara.
Los polluelos,
los polluelos con el pío pío pío pío pi.

Refrán

De colores,
De colores se visten los campos en la primavera.
De colores,
De colores, son los mil reflejos que el sol atesora.
De colores,
De colores se viste el diamante que quiero lucir.

Refrán

This song is recorded on *Audio Compact Discs,* CD 2, Track 28. Although it is presented with this chapter, it can be used at any time.

6 Escuchemos: ¡Tenemos la misma clase! p. 75

Listen to Álvaro and Lupita discuss their new class schedules. What class do they have together? Write the classes in the appropriate column.

Lupita	Álvaro

Lupita and Álvaro have the class of _____ together.

10 Escuchemos: El reloj p. 77

Bernardo is babysitting today. You'll hear his brother at different times throughout the day ask him what time it is. Match each time mentioned with the correct clock pictured on page 77 of your textbook.

1. _____   2. _____   3. _____   4. _____

5. _____   6. _____   7. _____   8. _____

Student Response Forms

13 Escuchemos: ¿Qué clase tengo ahora? p. 78

Imagine that you're keeping your new friend Alberto company during a typical school day. Listen as he tells you about his schedule. First write the times of day he mentions. Then listen again and write the class he has at each time.

MODELO   —Son las doce y diez. Tengo la clase de computación.
         —*12:10—computación*

1. _____   _____

2. _____   _____

3. _____   _____

4. _____   _____

5. _____   _____

6. _____   _____

7. _____   _____

¡Ven conmigo! Level 1, Chapter 3

15 Escuchemos: Horarios p. 80

Two new students are discussing their daily schedules. Listen to the questions, then choose the appropriate answer.

1. a. Es la una y veinte.
    b. Es a la una y veinte.

2. a. Son las doce y diez.
    b. A las doce y diez.

3. a. Sí, son las tres.
    b. Sí, es a las tres.

4. a. Son las once y media.
    b. A las once y media.

5. a. Son las tres y ocho.
    b. A las tres y ocho.

6. a. Son las seis de la tarde.
    b. Es a las seis de la tarde.

29 Escuchemos: Patricia y Gregorio p. 87

Patricia and Gregorio have just met at school. Listen to their conversation as they try to decide what to do. Based on their conversation, respond to the statements on p. 87 of your textbook with **cierto** or **falso**.

1. _____

2. _____

3. _____

4. _____

Repaso Activity 1: p. 92

Look at the time zone map on page 92 of your textbook. Listen as times around Latin America and the U.S. are announced. For each time you hear, figure out what time it is where you are.

	Time	Time in your city
Panamá		
Los Ángeles		
Nueva York		
Miami		
Caracas		

Additional Listening Activities

■ PRIMER PASO

3-1 Listen as Isa calls her friend Juan Pablo to find out what classes they have together. As Juan Pablo tells Isa what classes he has, write the corresponding letter in his schedule. Then circle the classes they have together.

Las clases de Isa	
MAÑANA	inglés
	música
	matemáticas
	ciencias
	almuerzo y descanso
TARDE	español
	ciencias sociales
	geografía

Las clases de Juan Pablo	
MAÑANA	
TARDE	almuerzo y descanso

a. geografía
b. matemáticas
c. español
d. química
e. francés
f. computación
g. educación física

3-2 You'll hear a series of statements about what time it is. For each statement, write **cierto** (true) if the picture corresponds to the time that you hear or **falso** (false) if it doesn't.

1. _____

2. _____

3. _____

4. _____

5. _____

6. _____

Additional Listening Activities

SEGUNDO PASO

3-3 Martina Guerrero is a freshman at Riverside High School in El Paso, Texas. Listen as she describes a typical morning to you. On the map of her school below, trace Martina's route through her school, and write at what time she goes to each place.

gimnasio				
alemán	computación	química		cafetería
francés	matemáticas	ciencias		
español				
inglés	geografía	ciencias sociales	arte	coro

3-4 Every afternoon at the Colegio Cervantes, the school's director, Sra. Tamayo, reads a list of events. Below is a list of the events that you're interested in. Listen for the time that each event takes place and write the letter of the event next to the time in your datebook.

a. La fiesta del Club de español

b. La reunión *(meeting)* del Club de música

c. La reunión del Club de computación

d. El concierto de música clásica

viernes	17 de octubre
3:00	**6:00**
3:15	6:15
3:30	6:30
3:45	6:45
4:00	**7:00**
4:15	7:15
4:30	7:30
4:45	7:45
5:00	**8:00**
5:15	8:15
5:30	8:30
5:45	8:45

C O P Y I N G   M A S T E R S

■ TERCER PASO

3-5 You hear a lot of conversations in the cafeteria. Who are these people talking about? Listen to each statement, then choose the letter of the picture below that matches the description you hear.

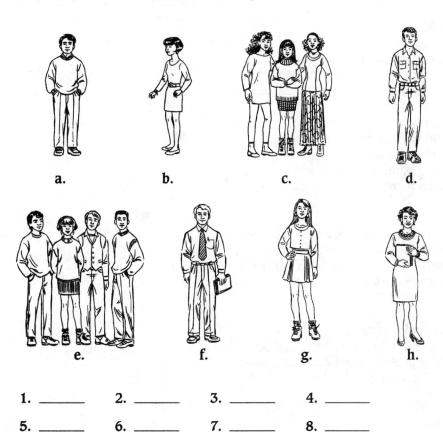

| 1. _____ | 2. _____ | 3. _____ | 4. _____ |
| 5. _____ | 6. _____ | 7. _____ | 8. _____ |

3-6 Ricardo and Elena have just met. As you listen to their conversation, fill out the chart below by checking off the things that Ricardo and Elena each like. Do they have any interests in common?

	Ricardo	Elena
las ciencias		
la computación		
los conciertos		
la música		

Both Elena and Ricardo enjoy _____.

Additional Listening Activities

SONG

La bamba is the best-known **son jarocho** in the world. A **son** is a *tune* and a **jarocho(a)** is a word used in Mexico to refer to someone or something from the coastal state of Veracruz. There are many lyrics to *La bamba*. Here are some of the most popular.

La bamba

Para bailar la bamba, para bailar la bamba
se necesita una poca de gracia.
Una poca de gracia y otra cosita
y arriba y arriba.
Y arriba y arriba, y arriba iré,
Yo no soy marinero,
yo no soy marinero, por ti seré,
por ti seré, por ti seré.
Bamba bamba, bamba bamba,
bamba bamba, bamba bamba.

2.
En mi casa me dicen, en mi casa me dicen
El inocente, porque tengo muchachas,
Porque tengo muchachas de quince a veinte,
Y arriba y arriba...

3.
Ay te pido, ay te pido te pido
De corazón que se acabe la bamba,
Que se acabe la bamba de compasión,
Y arriba y arriba...

This song is recorded on *Audio Compact Discs,* CD 3, Track 29. Although it is presented in this chapter, it can be used at any time.

Student Response Forms

6 Escuchemos: Actividades   p. 101

Listen to what the following people like to do. Match the name of each person with the appropriate picture on page 101 of your textbook.

_____ 1. Tomás

_____ 2. Arturo

_____ 3. Bárbara

_____ 4. Patricia

8 Escuchemos: El tiempo libre p. 102

Listen as each person tells you what he or she does during his or her free time. Match the person with the correct activity.

_____ 1. Carmen   **a.** bailar y cantar

_____ 2. Javier   **b.** hablar con amigos

_____ 3. Armando y Ana   **c.** practicar deportes

_____ 4. Susana   **d.** escuchar música

_____ 5. Pablo   **e.** estudiar

Student Response Forms

18 Escuchemos: ¿Dónde está? p. 106

Listen to these people talking about where things are. Match each statement you hear with the correct picture on page 106 of your textbook.

_____ a.

_____ b.

_____ c.

_____ d.

21 Escuchemos: ¿Quiénes son y dónde están? p. 108

Listen as Luis Miguel describes his friends and family. Match each picture on page 108 of your textbook with the description you hear.

__a.__ MODELO

_____ 1.

_____ 2.

_____ 3.

_____ 4.

_____ 5.

_____ 6.

_____ 7.

26 Escuchemos: ¿Adónde vas?   p. 111

Listen as Filiberto asks his friend Alicia where everyone is going this afternoon after school. Write each person's name and where he or she is going. Then decide who can give Filiberto a ride to the movies.

	Nombre	Va a
1.		
2.		
3.		
4.		
5.		

_____ can give Filiberto a ride to the movies.

Repaso Activity 1:   p. 116

A friend has asked you to listen to some messages left on the answering machine. Make notes about who calls, what they want, and times or days they mention.

	Nombre	Recado (*Message*)	Hora o Día
1.			
2.			
3.			

Additional Listening Activities

■ PRIMER PASO

4-1 Marta and Fernando are trying to set up a date between two friends. Listen as they talk about their friends, Olivia and Ramón. Mark the activities that Olivia likes with an **O** and those Ramón likes with an **R**. How many activities do Olivia and Ramón have in common?

_____ bailar

_____ trabajar en la oficina de una veterinaria

_____ nadar

_____ jugar al basquetbol y al tenis

_____ tocar un instrumento musical

_____ escuchar música

_____ cuidar a los animales

_____ caminar con los perros en el parque

Olivia and Ramón have _____ activities in common.

4-2 Listen as Germán describes what he and some of his classmates do after school. Match each person to the activity she or he does. Some people may be mentioned twice.

_____ 1. Germán

_____ 2. Laura

_____ 3. Lupe

_____ 4. Juanita

_____ 5. Paco

_____ 6. Emilio

a.

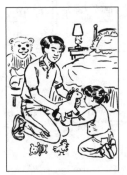
b.

c.

d.

e.

f.

Additional Listening Activities

■ SEGUNDO PASO

4-3 Rolando is trying to find his way around town, but some of the buildings on his map aren't labeled. Based on what you hear, help him out by matching the number on the map to the names of the buildings below.

> MODELO — ¿Dónde está la biblioteca?
> — **Está al lado del Museo de Arte, en la Calle Mayor.**

la biblioteca ___1___

el cine _____   un supermercado _____

el correo _____   la librería _____

un restaurante _____   el gimnasio _____

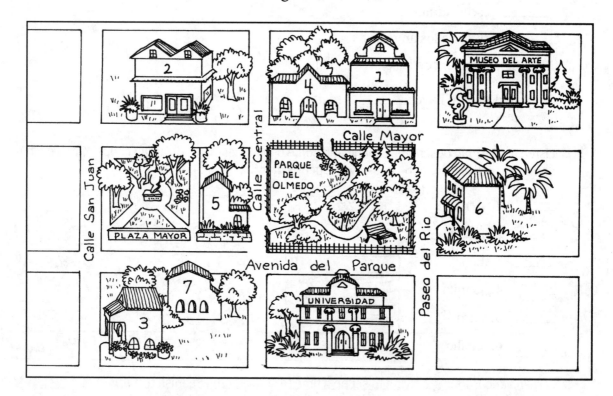

4-4 Remedios is trying to reach three friends on the phone, but none of them are home right now. Listen to each of Remedios's phone conversations. Then write what each one is doing according to what you hear.

Nombre	Actividad
Alicia	
Alejandro	
Sara	

Additional Listening Activities

■ TERCER PASO

4-5 Listen to the conversation between Sr. Arce and his daughter Jimena about where everyone is going today. On the map, trace each family member's route through the town. Mark each person's route with his or her name. Some family members may go to more than one place.

4-6 Carolina and Roque are trying to set up a time to study for the Spanish test together. Listen to their conversation and decide when they can meet for two hours to study.

_____

Additional Listening Activities

COPYING MASTERS

SONGS

This old **canción de cuna** *(lullaby)* is fun to sing and is good for practicing the trilled **rr** sound. It is one of the best-known lullabies throughout the Spanish-speaking world. The lyrics change from country to country, but the melody remains the same.

A la ru ru nene

A la ru ru nene,
A la ru ru ya;
Duérmete, mi niño,
De mi corazón.
Si te duermes niño,
Te llevo al paseo;
Te compraré tus dulces,
Y también juguetes.
A la ru ru nene,
A la ru ru ya.

2.
La Virgen lavaba,
San José tendía,
El niño lloraba,
Joaquín lo mecía.

3.
Duérmete mi niño(a)
Y duérmete ya.
Porque viene el coco
Y te llevará.

4.
Toma la chupeta
Y duérmete ya,
Que tu mamacita
Quiere trabajar.

A la ru ru nene,
A la ru ru ya.

This song is recorded on *Audio Compact Discs,* CD 4, Track 30. Although it is presented in this chapter, it can be used at any time.

6 Escuchemos: Viejos amigos p. 129

Listen as Teresa tells Carlos what some of his old friends are doing. Match the name of each friend with when he or she works with Teresa.

_____ 1. Juan Luis

_____ 2. Maite

_____ 3. Alejandro

_____ 4. Flora

_____ 5. Ramón

a. todos los días

b. los fines de semana

c. sólo cuando tiene tiempo los jueves

d. nunca

e. siempre los lunes, a veces los jueves

13 Escuchemos: Mejores amigos p. 132

Gloria is writing an article about best friends for the school newspaper. Listen as she interviews Carlos and Eddie. Then, for each activity shown on page 132 of your textbook, choose the best answer.

1. Les gusta _____.

2. No les gusta _____.

3. Sólo le gusta a Carlos _____.

4. Sólo le gusta a Eddie _____.

Student Response Forms

COPYING MASTERS

18 Escuchemos: Un día típico en la vida de... p. 136

Listen as Miguel's mother describes a typical day in his life, and decide which of these illustrations shows the real Miguel. Explain what is wrong with the incorrect illustrations.

a.

b.

c.

The real Miguel is pictured in _____.

_____ is incorrect because _____.

_____ is incorrect because _____.

23 Escuchemos: Meses y estaciones p. 139

Listen and match the date you hear with the correct picture.

a.

b.

c.

d.

e.

f.

1. _____   3. _____   5. _____

2. _____   4. _____   6. _____

Repaso Activity 1: p. 144

For each weather report you hear, determine which of the photos on page 144 of your textbook is being described.

1. _____

2. _____

3. _____

4. _____

Additional Listening Activities

■ PRIMER PASO

5-1 You will hear an interview between Ana María, an exchange student from Spain, and Roque, a reporter for the paper at Seminole High School in Miami. In the interview, Ana María talks about her life in Spain and her new lifestyle in Miami. Listen to the interview and answer the multiple-choice questions below.

1. En España, Ana María va a clases _____.
   a. cinco veces a la semana
   b. seis veces a la semana

2. Ana María dice que (*says that*) en Miami, los estudiantes _____ van a clases en coche o en autobús.
   a. nunca
   b. siempre

3. En España, Ana María _____ tiene 8 o 9 materias en el colegio.
   a. a veces
   b. siempre

4. Ana María dice que en Miami, hay un examen en una de las clases _____.
   a. todas las semanas
   b. una vez al semestre

5. En España, Ana María _____ va a un café después de clases.
   a. nunca
   b. siempre

5-2 Ana María has met a lot of people during her first few weeks at Seminole High School and she's trying to get them all straight. Listen to her conversation with Luis about some of the people she's met so far. Match up the drawings below with the names of people she and Luis discuss. Not all drawings will have a matching name.

_____ 1. Marta y Lola   _____ 3. Miguel

_____ 2. Héctor   _____ 4. Sara

a.

b.

c.

d.

e.

Additional Listening Activities

■ SEGUNDO PASO

5-3 Listen as Ramón talks about what he and his friends do in their free time and write their favorite activity next to their names.

1. Juan Carlos y Gabriela **asistir a conciertos** _____

2. Ramón _____

3. Sandra _____

4. Guillermo y Norma _____

5. Pedro _____

6. Cristina _____

5-4 Listen as Teresa describes a typical Saturday and number the drawings in order according to her description.

a. _____

b. _____

c. _____

d. _____

Nombre _____ Clase _____ Fecha _____

COPYING MASTERS

Additional Listening Activities

■ TERCER PASO

5-5 Listen to Jaime and Elena talk about some upcoming events in the next week. Fill in Elena's datebook with the events Jaime mentions. The first time you listen, write the name of each event. Then listen again and write the time it takes place in the correct space.

noviembre	
lunes 11	concierto 9:00 p.m.
martes 12	
miércoles 13	
jueves 14	
viernes 15	
sábado 16	
domingo 17	

5-6 Listen as the announcer at a Spanish-speaking radio station in Miami reads a weather report for today and match each city with the correct forecast.

_____ 1. Miami   **a.** hace sol

_____ 2. San Antonio   **b.** hace mucho calor

_____ 3. Los Ángeles   **c.** está lloviendo

_____ 4. Denver   **d.** hace mucho viento

_____ 5. Boston   **e.** está nevando

¡Ven conmigo! Level 1, Chapter 5   Listening Activities **41**

HRW material copyrighted under notice appearing earlier in this work.

Additional Listening Activities

SONG

Pamplona is the capital of the region of Navarra in Spain. The **pamplonenses** celebrate their city's patron saint, San Fermín, on July 7 with a great annual fair that includes the famous **encierro de Pamplona**. For the **encierro** (*enclosure*), the authorities block several streets, and a number of bulls are let loose. Those who are daring run ahead of the bulls and try to escape them, while the crowd looks on. It is at this fair that the young people of Pamplona sing *Uno de enero*.

Uno de enero

Uno de enero,
dos de febrero,
tres de marzo,
cuatro de abril,
cinco de mayo,
seis de junio,
siete de julio,
San Fermín.

This song is recorded on *Audio Compact Discs,* CD 5, Track 28. Although it is presented in this chapter, it can be used at any time.

Student Response Forms

6 Escuchemos: ¿Quién es quién? p. 153

Imagine that you're on the phone with the photographer who took the family portraits on page 153 of your textbook. As she describes members of each family, find the picture that matches. If no picture matches, answer **ninguna foto**.

1. _____

2. _____

3. _____

4. _____

5. _____

15 Escuchemos: ¿Ciencia ficción? p. 158

Listen to the following descriptions of some fictional characters and use **probable** or **improbable** to tell what you think of their appearance.

1. _____

2. _____

3. _____

4. _____

5. _____

6. _____

Student Response Forms

16 Escuchemos: ¿Cómo son tus amigos? p. 159

Listen as Rogelio describes some people and his cat to his Aunt Maki. Using the illustrations on page 159 of your textbook, identify each character by name. Does Maki know one of them especially well?

1. _____

2. _____

3. _____

4. _____

5. _____

The person she knows especially well is _____.

21 Escuchemos: Con la familia p. 160

Listen as four friends discuss what they do with their families and friends. Match the description you hear with the correct photo on page 160 of your textbook.

1. _____

2. _____

3. _____

4. _____

Student Response Forms

28 Escuchemos: Los problemas de Mónica   p. 164

Listen as Mónica describes her family. Then match the pictures on page 164 of your text-book to the correct description you hear. One of the people she describes isn't pictured. Who is it?

1. Mónica

a. _____

2. su mamá

b. _____

3. su hermana menor

c. _____

4. su tía

_____ is not pictured.

Repaso Activity 1: p. 170

First read the statements below about Marcos and his family. Then listen as Marcos describes his family in detail. Decide which family member matches each numbered item below.

1. Debe comer menos. _____

2. Trabaja demasiado. _____

3. Lee muchas novelas. _____

4. Tiene un cuarto muy organizado. _____

5. Le gusta tocar la guitarra. _____

6. No estudia mucho. _____

■ PRIMER PASO

6-1 You will hear a description of Susana's family. As you listen, write the names and ages of her relatives in the spaces below their pictures.

Susana

14 años

6-2 Listen as your friend Luisa talks about her family. Then choose the answer that best completes each statement according to her description.

1. Luisa tiene una familia ____.
   a. grande
   b. pequeña

2. Sus abuelos tienen ____.
   a. un gato y un perro
   b. dos gatos

3. Luisa tiene tres ____.
   a. hermanos mayores
   b. primos

4. Cada domingo su familia ____.
   a. visita a sus abuelos
   b. va al parque

Additional Listening Activities

COPYING MASTERS

■ SEGUNDO PASO

6-3 Listen as these teenagers talk about what they do on the weekends with their families. Listen to their descriptions and match each one with the correct picture. One description will not have a matching picture.

_____ 1. Pedro

_____ 2. Alicia

_____ 3. Esteban

_____ 4. Paula

a.

b.

c.

6-4 While the old folks are poring over genealogy charts at the family reunion, Susana and her cousin Alfonso are trying to guess each other's favorite relative. As you listen to their descriptions, study the pictures on your answer sheet and circle each cousin's favorite relative.

Tío Martín

Abuela

Tío Jorge

Antonio

Florencia

Teresa

Nombre _____ Clase _____ Fecha _____

■ TERCER PASO

6-5 While Sra. Acosta is out running errands, everyone else in the Acosta house is getting ready for the big surprise birthday party for her this evening. Listen to the description of who is doing what and write what each person is doing next to his or her name.

1. Doña Rebeca _____

2. Sr. Acosta _____

3. Anita _____

4. Tomás _____

6-6 The Ramos kids are staying with tío Ricardo. Tío Ricardo works all day and is advising all his nephews and nieces what they will need to do to help out around the house. According to his instructions, write each name beneath the appropriate picture.

Additional Listening Activities

SONG

This lovely song was written by the Cuban poet, essayist, and patriot José Martí (1853-1895). In this song about a peasant girl from the city of Guantánamo, one can sense Martí's pride in and love for the life of the common people.

Guantanamera (Cuba)

Guantanamera, guajira guantanamera,
guantanamera, guajira guantanamera.

Yo soy un hombre sincero,
de donde crece la palma,
y antes de morirme quiero,
echar mis versos del alma.

Guantanamera, guajira guantanamera,
guantanamera, guajira guantanamera.

Mi verso es de un verde claro,
y de un carmín encendido;
mi verso es un ciervo herido,
que en el monte busca amparo.

Guantanamera, guajira guantanamera,
guantanamera, guajira guantanamera.

Con los pobres de la tierra,
quiero yo mi suerte echar;
el arroyo de la sierra,
me complace más que el mar.

Guantanamera, guajira guantanamera,
guantanamera, guajira guantanamera.
guarija guantanamera, etc...

This song is recorded on *Audio Compact Discs,* CD 6, Track 33. Although it is presented in this chapter, it can be used at any time.

¡Ven conmigo! Level 1, Chapter 6

6 Escuchemos: Por teléfono p. 183

Listen to the following telephone calls. Decide if the caller is greeting someone, saying goodbye, or unable to reach the person.

	Greeting	Goodbye	Unable to reach
1.			
2.			
3.			
4.			
5.			

9 Escuchemos: Planes p. 184

Listen to the following questions. Do these sentences answer the questions you hear? If the sentence fits as a response, check **sí**. If it doesn't, check **no**.

	Sí	No
1.		
2.		
3.		
4.		
5.		
6.		
7.		

Student Response Forms

12 Escuchemos: Un sábado   p. 186

It's Saturday morning and Mónica and Carlos are trying to figure out where to spend the day. Based on their conversation, where do they decide to go?

Mónica and Carlos decide to go _____

19 Escuchemos: ¿Todos listos?   p. 190

Listen to some members of the Garza family as they talk about getting ready at different times of the day. Based on what you hear, write the letter of the item each person would need to use in order to get ready.

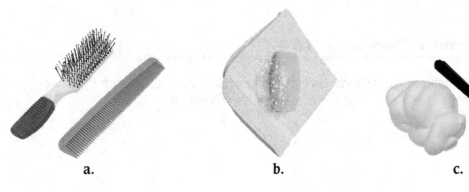

a.   b.   c.

d.   e.

1. _____

2. _____

3. _____

4. _____

5. _____

Student Response Forms

24 Escuchemos: ¿Te gustaría...?   p. 193

Listen as Margarita invites several friends to go with her to do some things. Match the name of the person with his or her explanation for not being able to go.

_____ 1. Miguel

_____ 2. Gabriela

_____ 3. Roberto

_____ 4. Mariana

a. Va a salir con otra persona.

b. Necesita descansar.

c. Necesita hacer sus lecciones.

d. Está ocupada este fin de semana.

Repaso Activity 1:   p. 198

First read the following explanations. Then listen to the conversations and choose the sentence that best describes the response to each invitation.

_____ 1. **a.** No puede ir porque tiene que practicar el piano.
          b. No puede ir porque está enferma.

_____ 2. **a.** No puede ir al campo porque tiene otros planes.
          b. No puede ir al museo porque tiene otros planes.

_____ 3. **a.** Quiere ir a caminar más tarde.
          b. No quiere ir porque está cansado.

_____ 4. **a.** Tiene ganas de ir al partido de fútbol.
          b. No puede ir porque tiene una cita.

Additional Listening Activities

■ PRIMER PASO

7-1 You will hear a series of statements made during phone conversations. As you listen, choose the most logical response to each statement that you hear.

1. **a.** Buenos días.
   b. Llamo más tarde.

2. **a.** Habla Fernando.
   b. ¿Puedo dejar un recado?

3. **a.** Está Germán, por favor?
   b. Soy yo, Teresa.

4. **a.** Sí. Dile que vamos al parque de atracciones mañana.
   b. Pronto.

5. **a.** Habla Raimundo Gómez.
   b. Bueno, llamo más tarde.

6. **a.** Hola. ¿Está Luisa, por favor?
   b. Gracias. Hasta luego.

7. **a.** De parte de Olivia Jiménez.
   b. Estoy bien, gracias. ¿Y Ud.?

7-2 The first person home at the Herrera household is responsible for listening to and taking down the messages left on the answering machine. Listen to each message and complete the missing information on the slips below.

Para: _todos_____
De: _____
Teléfono: _____
Recado: _Quiere organizar..._
_____
_____
☐ Es urgente
☐ Va a llamar más tarde

1.

Para: _____
De: _Gonzalo Rayas_____
Teléfono: _____
Recado: _Quiere ir..._____
_____
☐ Es urgente
☐ Va a llamar más tarde

2.

Para: _Verónica_____
De: _____
Teléfono: _____
Recado: _Quiere estudiar_____
_para el examen de..._____
_____
☐ Es urgente
☐ Va a llamar más tarde

3.

Additional Listening Activities

COPYING MASTERS

■ SEGUNDO PASO

7-3 Today is Friday, and Pepe is asking everyone about his or her plans for the weekend. Listen to the conversations. Write what each person plans to do next to his or her name.

1. Marisa: _____

2. Héctor: _____

3. Anita: _____

4. Sergio: _____

5. Lupe: _____

7-4 Everyone has something to do before leaving the house. Listen to each conversation and then choose the drawing that shows what each person needs to do.

1. Joaquín quiere _____ antes de ir al cine.

   a.    b.

2. Aurelia necesita media hora para _____.

   a.   b.

3. Carlos tiene que _____ antes de la fiesta.

   a.    b.

4. Antes de salir, Víctor va a _____.

   a.    b.

¡Ven conmigo! Level 1, Chapter 7

■ TERCER PASO

7-5 Marcos is secretary of the Spanish Club this year and is in charge of calling club members to remind them about the class picnic. Listen to his conversations with some members and keep track of who's coming and who's not. If the person is not coming, write his or her excuse.

Nombre	Sí	No	Excusa
Elisa			
Cristóbal			
Marisol			
César			

7-6 When you're invited to do something that you don't want to do, you should politely turn the invitation down. Listen to the following invitations and choose the best refusal for each.

1. **a.** Gracias. Me gustaría ir, pero ya tengo planes.
   b. ¿La ópera? ¡Qué aburrido!

2. **a.** No, gracias. Tengo que trabajar esta tarde.
   b. No me gusta jugar a cartas.

3. **a.** Ahora no. Tengo prisa.
   b. Lo siento, pero tengo que hacer algo ahora mismo. Tal vez otro día.

4. **a.** Pues, gracias... pero no tengo ganas. Creo que estoy un poco enfermo/a.
   b. Si vas con Fernando, entonces no. Creo que es un chico muy antipático.

5. **a.** No, no me gustaría ir con Uds. al cine.
   b. No, gracias, no me gustan las películas.

6. **a.** No quiero comer comida china. No me gusta.
   b. Me gustaría, pero esta noche no puedo. ¿Qué tal si vamos mañana a comer en el nuevo restaurante mexicano?

Additional Listening Activities

SONG

The nearly extinct **cóndor** (*condor*), with a wing span of as much as ten feet, is one of the largest birds in the world. It lives in the high Andes mountains of South America, and is the subject of many native legends. *El cóndor pasa* is probably the best-known Andean song in the world. The lyrics and this version of the song were written by Hernando Merino.

Andean music uses a wide array of unique stringed and wind instruments. Among them are **el charango** – a small, guitar-like instrument made from the shell of an armadillo, **la quena** – a kind of flute, **la zampoña** – an instrument similar to a set of pan pipes, and **el bombo** – a large drum.

El cóndor pasa

El cóndor, ave bella, pasará,
volará y jamás regresará.
¡Oh!
El indio en el desierto morirá,
Su corazón se elevará y volará.
¡Oh!
¿Quién sabe mañana adónde irán,
que harán, que comerán?
Quizás nunca más regresarán,
Y pienso que no viviré,
yo no podré.

This song is recorded on *Audio Compact Discs,* CD 7, Track 29. Although it is presented in this chapter, it can be used at any time.

¡Ven conmigo! Level 1, Chapter 7

Student Response Forms

6 Escuchemos: El desayuno p. 208

Listen as Marcela and Roberto discuss what foods they like and dislike. Write what each person likes for breakfast.

Marcela	Roberto
_____	_____
_____	_____
_____	_____
_____	_____

12 Escuchemos: ¿Cómo es la comida aquí? p. 210

Listen as an Ecuadorean student asks about meals in the United States. Write the time her friend says he eats each meal in the U.S., and what he eats.

El desayuno:

Hora: _____

Come: _____

El almuerzo:

Hora: _____

Come: _____

16 Escuchemos: Comentarios p. 212

Listen as some customers comment on the food at **El Rincón**, a restaurant. Write the food item each person mentions. Then, if the person likes the food, write **sí.** If not, write **no.**

1. _____
2. _____
3. _____
4. _____
5. _____
6. _____

Student Response Forms

COPYING MASTERS

21 Escuchemos: En el restaurante p. 213

Cuatro amigos están en un café popular. Escucha mientras hablan de lo que van a comer.
Luego contesta estas preguntas.

1. ¿Quién quiere desayunar? _____

2. ¿Quién tiene sed? _____

3. ¿Quién no tiene hambre? _____

4. ¿Quién va a comer sopa? _____

5. ¿Qué hay para el desayuno? _____

28 Escuchemos: Me trae... p. 217

Imagine you're eating at **Restaurante El Molino**, a busy restaurant in Quito. Listen to these
orders and decide if each person is ordering breakfast, lunch, dinner, or dessert. Then
place a check mark in the appropriate column.

	Breakfast	Lunch	Dinner	Dessert
1.				
2.				
3.				
4.				
5.				
6.				
7.				
8.				

Student Response Forms

32 Escuchemos: ¿Cuánto es?   p. 219

Look at the menu and listen to the following prices. Match the price mentioned with the correct item on the menu.

_____ 1.

_____ 2.

_____ 3.

_____ 4.

_____ 5.

_____ 6.

a. Ensalada mixta 5.500

b. Ceviche de camarón 8.500

c. Sancocho 7.000

d. Pollo al ajillo 8.750

e. Plato vegetariano 6.300

f. Agua de Güitig 2.000

g. Té frío 1.500

h. Helado de naranjilla 4.000

i. Canoa de frutas 4.500

Repaso Activity 1: p. 224

Listen as Ángel talks about some foods he likes and doesn't like. Write the foods Ángel mentions in the correct columns.

Ángel likes	**Ángel doesn't like**
_____	_____
_____	_____
_____	_____

COPYING MASTERS

■ PRIMER PASO

8-1 Listen as several students talk about what they eat for breakfast. Write the person's name below what he or she eats.

_____ _____ _____ _____

_____ _____ _____

8-2 Today is Laura's turn to pick up lunch for the people at work. Listen as everyone tells her what they want, and complete each person's order below.

Nombre	Comida	Bebida
Antonia	una sopa de legumbres; una _____ de lechuga y _____	un vaso de _____
Lucía	_____ ; unas papitas	una limonada grande
Carlos	un sándwich de _____ ; _____ una ensalada de _____	un _____
Sra. Mercado	una _____	un té frío

Additional Listening Activities

SEGUNDO PASO

8-3 You overhear several conversations in a crowded restaurant. Listen to each one and then decide if each person likes his or her food. Circle **sí** or **no** on your answer sheet. Then choose the phrase that best describes each dish.

1.	Rafa	sí	no	buena	fría	dulce
2.	Mónica	sí	no	de pollo	riquísimas	picantes
3.	Ernesto	sí	no	de atún	de queso	de legumbres
4.	Nuria	sí	no	picante	salado	frío
5.	Horacio	sí	no	de queso	dulces	ricas
6.	Beatriz	sí	no	no tiene jamón	muy bueno	de pollo

8-4 It's Saturday morning and Sr. Sánchez is getting ready to go to the supermarket. Listen to Sr. and Sra. Sánchez talk about what they need to buy. Make a list of the groceries they decide upon. Then put a check mark next to the items listed, if they are foods someone in the family likes.

_____

_____

_____

_____

_____

■ TERCER PASO

8-5 Listen as some people speak to the waiter. Choose the phrase that best describes what each customer is asking for.

1. La muchacha necesita otro _____.
   a. sándwich
   b. tenedor

2. Al muchacho le encanta _____.
   a. el flan
   b. el helado

3. Esta persona va a _____.
   a. pedir el plato del día porque le encantan los camarones
   b. pedir una cena ligera porque no tiene mucha hambre

4. Este señor quiere _____.
   a. pagar la cuenta
   b. atún con cebolla y tomate

8-6 In family-owned restaurants, it's not uncommon for waiters to tell customers the amount of the bill instead of giving them a written bill. Listen as José María adds up the totals for different customers, and write the correct total for each one.

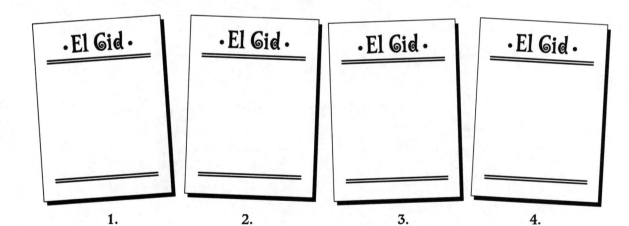

1.   2.   3.   4.

Additional Listening Activities

COPYING MASTERS

SONG

In Mexico an owl is called a **tecolote**. This song is from the state of Michoacán, where in the forests one can hear the songs of many different birds, among them **el tecolote**.

El tecolote

Tecolote de guadaña,
Pájaro madrugador. *(Repite)*
¿Me prestarás tus alitas,
Me prestarás tus alitas,
Me prestarás tus alitas
Para ir a ver a mi amor,
Para ir a ver a mi amor?

Ticuri cuiri, cuiri, cu
Ticuri cuiri, cuiri, cu
Ticuri cuiri, cuiri, cu.
Pobrecito tecolote,
Ya se cansa de volar.

This song is recorded on *Audio Compact Discs,* CD 8, Track 30. Although it is presented with this chapter, it can be used at any time.

6 Escuchemos: Los regalos p. 237

Listen and take notes as Rodolfo tells you what his family members like. Then, answer the questions.

1. ¿Para quién son los carteles? _____

2. ¿Para quién es el perro? _____

3. ¿Para quién son los zapatos de tenis? _____

4. ¿Para quién es la radio? _____

5. ¿Para quién es la guitarra? _____

6. ¿Para quién son los videos? _____

11 Escuchemos: De compras p. 240

Where is Eva going to shop? Listen as she talks about what she's going to buy. Match each item with the correct store.

1. pastel

2. aretes

3. juego de mesa

4. sandalias

5. camisa

6. plantas

7. pan dulce

a. Zapatería Monterrey

b. Panadería La Molina

c. Joyería Central

d. Pastelería Río Grande

e. Juguetería de San Antonio

f. Florería Martínez

g. Almacén Vargas

Student Response Forms

15 Escuchemos: ¿Qué necesitas llevar?   p. 243

Listen as various people talk about clothing they need for certain occasions. Choose an event for which the clothing would be appropriate.

Eventos: un baile, clases, jugar al tenis, ir a la piscina, trabajar en la oficina

1. _____

2. _____

3. _____

4. _____

5. _____

24 Escuchemos: ¿Cómo son?   p. 246

Look at the drawings on page 246 of your textbook. Listen and match what you hear to the correct pair of items. When you're finished, write sentences to compare each pair of items using the adjectives you've learned.

1. _____   a.

2. _____   b.

3. _____   c.

4. _____   d.

_____

_____

_____

_____

Student Response Forms

29 Escuchemos: ¡Qué caro!   p. 248

Listen to conversations between a clerk and some customers. Write the name, price, and color of the items mentioned.

	NAME	PRICE	COLOR
1.			
2.			
3.			
4.			
5.			
6.			
7.			

Repaso Activity 1:   p. 252

Listen as Sara and Ana talk about what Sara needs for the costume party (**fiesta de disfraces**). Circle the items she mentions. Not all will be used.

Additional Listening Activities

■ PRIMER PASO

9-1 Listen to the description of **Sra. Sotomayor's** shopping trip. As you listen, fill in the name of the store and then circle the items she buys in each place.

MODELO	**Florería**	Girasol	(rosas blancas)	unas plantas
1.	_____	Córdoba	unas botas	unos zapatos de cuero
2.	_____	Dorada	pan	pan dulce
3.	_____	Venecia	un té	un refresco
4.	_____	Pequeñín	unos juguetes	un juego de mesa
5.	_____	Hermanos Gómez	leche	dulces
6.	_____	Vargas	una piña	unas naranjas

9-2 Pepe is new in **Peña del Camino** and doesn't know his way around town very well yet. You will hear him ask where different places are. Listen to each conversation, and complete the map by labeling each building based on what you hear.

MODELO **Perdón, ¿me puede decir dónde está el supermercado?**
Está en la Calle Alameda, al lado del parque.

(You should write **supermercado** in the building next to the park, on the **Calle Alameda**)

¡Ven conmigo! Level 1, Chapter 9

Listening Activities **71**

HRW material copyrighted under notice appearing earlier in this work.

■ Additional Listening Activities

■ SEGUNDO PASO

9-3 You work at the luggage-claim office at the airport. Two passengers who have lost their luggage come in to see if you can help them find their bags. Listen as they describe the contents of their suitcases, and draw a line connecting the person with the correct suitcase.

1. Teresa   **a.**

2. Javier   **b.**

9-4 During your shopping expedition, you stop at a café for a snack. Listen to some of the conversations of the other café customers, and choose the best answer based on the conversations.

1. Nuria dice que los pantalones cortos son _____ que una minifalda.
   a. más cómodos
   b. menos caros

2. Roberto cree que un juego de mesa es _____ que una planta para un regalo.
   a. menos interesante
   b. más divertido

3. Jaime cree que la chaqueta de rayas _____ que la chaqueta azul.
   a. está más de moda
   b. es menos cómoda

4. Elena dice que un disco compacto es _____ que unos aretes.
   a. menos caro
   b. más divertido

5. Teresa dice que la ropa en la tienda es _____ que en el almacén.
   a. menos barata
   b. más bonita

Additional Listening Activities

■ TERCER PASO

9-5 Yoli is shopping for clothes with her best friend, Manuela. Listen to their conversation and circle the items that Yoli decides to buy.

9-6 Alma is shopping with a friend at Almacén Santos while in Madrid. Take notes while you listen to their conversation and then answer the questions below.

1. What kind of store are the girls in?_____

   _____

2. What kinds of purchases (for whom) is Alma making? _____

   _____

3. What is Alma going to buy for her mother? _____

   _____

4. Which shorts are more expensive, the wool ones or the cotton ones? _____

   _____

5. What kind of clothing does Alma's brother always wear? _____

   _____

HRW material copyrighted under notice appearing earlier in this work.

Additional Listening Activities

SONG

The **pollera**, a long, white, flowing dress, made of fine white cotton and decorated with flowers of many colors, is the traditional folk dress of Panamanian women. This song, which finds its inspiration in the **pollera**, is typical of Panamanian folk music.

Mi pollera

Mi pollera, mi pollera,
Mi pollera es colorada.
Dame tú una pollera
De olán de coco,
Si tú no me la das,
me voy con otro.

Mi pollera, mi pollera,
Mi pollera es colorada.
Dame tú una pollera,
De olán de coco,
Si tú no me la das,
Me voy con otro.

Mi pollera, mi pollera,
Mi pollera es colorada.
La tuya es blanca, la mía colorada
Mi pollera es colorada.

Mi pollera, mi pollera,
Mi pollera es colorada,
Yo quiero una pollera de olán de hilo,
Dámela tú, que me voy contigo.

This song is recorded on *Audio Compact Discs,* CD 9, Track 29. Although it is presented in this chapter, it can be used at any time.

Student Response Forms

7 Escuchemos: ¡De fiesta! p. 262

You'll hear four conversations, each about a different holiday. Match each conversation with the most appropriate greeting card.

_____ 1. Rolando

_____ 2. Marta

_____ 3. Daniela

_____ 4. Bernardo

a.

b.

c.

d.

9 Escuchemos: Un día especial p. 263

What are these people doing right now? Listen to Guadalupe's statements and match the person or persons with the correct picture.

_____ 1. Sarita   _____ 3. Roberto   _____ 5. Teresa y Mauricio

_____ 2. Guadalupe   _____ 4. Rosita   _____ 6. Julia

a.

b.

c.

d.

e.

f.

Student Response Forms

18 Escuchemos: ¿Me ayudas? p. 267

Listen as various people help each other get ready for the upcoming party. For each request, decide if the response given is logical (**sí**) or illogical (**no**).

1. _____ Sí, cómo no. Él canta y baila también.

2. _____ Sí. ¿Necesitas algo más?

3. _____ Todos te ayudamos, Hilda.

4. _____ Sí. ¿Dónde pongo los globos?

5. _____ Creo que todos van a traer música.

6. _____ En este momento no puedo, pero más tarde, sí, te ayudo con los sándwiches.

7. _____ Sí. ¿Dónde está? ¿En el centro?

22 Escuchemos: Preparativos p. 268

Listen as several people call the Villareal house asking what they can do to help with the preparations for Hector's graduation party. Match each person with the correct task.

_____ 1. Gustavo

_____ 2. Soledad

_____ 3. Cristóbal

_____ 4. Verónica

_____ 5. Nicolás

_____ 6. Gloria

a. trae unos discos

b. ve al supermercado

c. prepara la ensalada

d. compra los globos

e. saca las fotos

f. trae unos refrescos

28 Escuchemos: La fiesta de Abby   p. 272

Abby's party was great! Listen as she tells her parents about what some of her friends did at her party last night. Match the name or names of the person or persons to the correct drawing.

_____ **1.** Raquel y Gloria   _____ **5.** Patricia

_____ **2.** Kerry y Shoji   _____ **6.** Grace y Kim

_____ **3.** Bárbara y Miguel   _____ **7.** Andrés y Valerie

_____ **4.** Pablo   _____ **8.** Francisco

a.

b.

c.

d.

e.

f.

g.

h.

Repaso Activity 1: p. 278

Listen to Mariana tell about her favorite holiday. Write the information requested for each question.

1. ¿Adónde viajaron Mariana y su familia? _____

2. ¿Por qué viajaron allí? _____

3. ¿En qué mes viajaron? _____

4. ¿Qué preparó la abuela? _____

5. Después de la cena, ¿qué hicieron todos? _____

6. ¿Por qué es la Navidad su fiesta favorita? _____

Additional Listening Activities

■ PRIMER PASO

10-1 Sr. and Sra. Carvajal have left their 16 year-old daughter Nuria in charge of the house while they take an overnight trip to celebrate their anniversary. Listen as they call to check on things. As you listen, fill in the missing information on the chart below.

Nombre	¿Dónde está?	¿Qué está haciendo?
Nuria	el cuarto de baño	está _____ a Miqui
Carlos	_____	está lavando los platos
Isabel	la sala	está _____
Pablo	la cocina	está _____ un postre
los padres	de viaje	_____ mañana por la tarde

10-2 Nobody looks further ahead than Eréndira. She's planning the decorations and invitations for her family's celebrations a whole year in advance! Listen as she asks her sister's opinion of her plans. On your answer sheet, indicate which holiday they are most likely talking about.

1. _____ **a.** el Día de Acción de Gracias

2. _____ **b.** el Año Nuevo

3. _____ **c.** la Navidad

4. _____ **d.** las Pascuas

5. _____ **e.** el Día de la Independencia

6. _____ **f.** el Día de la Madre

7. _____ **g.** el Día de los Enamorados

Additional Listening Activities

■ SEGUNDO PASO

10-3 Diego and a group of friends are in a big rush to get ready for the surprise party tonight at his house, but it seems like everyone is talking to Diego at once. Listen to the following questions and choose the most logical response for Diego to each one.

1. a. Cómo no. ¿Pongo los globos azules y los rojos en la sala?
   b. Sí, con mucho gusto. ¿Me pasas un cuchillo?

2. a. ¿Qué tal si lo ponemos en la sala, al lado de la ventana?
   b. ¿Qué tal si lo ponemos en el cuarto de baño?

3. a. No te puedo ayudar con las invitaciones.
   b. Buena idea. En el patio hay lugar para todos.

4. a. Claro que sí, ¿los globos azules en la sala?
   b. Muy bien. ¿Las ponemos cerca de la ventana?

5. a. Creo que sí. Hay limonada, jugos, agua mineral...
   b. No sé. Ve a mi cuarto y busca unos más.

6. a. Sí hay lugar, pero hay que mover el sofá. ¿Me ayudas?
   b. Con mucho gusto. ¿Quieres las empanadas también?

7. a. Creo que están en mi cuarto, debajo de la cama.
   b. ¿Por qué no las pones en el patio sobre la mesa?

10-4 Listen as Alberto and Susana Aguilar's parents ask them to help out around the house. Write the number of each conversation next to the corresponding picture below.

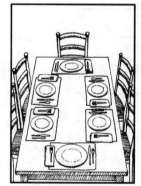

a. _____   b. _____   c. _____   d. _____

Additional Listening Activities

■ TERCER PASO

10-5 Gonzalo lost his wallet today. Listen as he talks to his sister Marta about the problem. As you listen to their conversation, match the places he went today with the activities listed below. Where is his wallet?

1. La casa de Gonzalo   **a.** compró un disco compacto

2. Un café   **b.** compró una revista

3. La biblioteca   **c.** almorzó

4. La librería   **d.** estudió dos horas

5. La tienda de música   **e.** desayunó

His wallet is _____.

10-6 Tonight is the Spanish Club party at Nicolás's house. Listen as Nicolás and his mother talk about what has already been done and what still needs to be done before the party. As you listen, mark each of the activities below according to whether it has happened already (**ya**) or not yet (**todavía no**).

Ya		Todavía no
	pasar la aspiradora	
	limpiar el cuarto de baño	
	sacar la basura	
	decorar el pastel	
	comprar los refrescos	
	hacer las galletas	
	preparar los sándwiches	
	poner la mesa	
	decorar el patio	
	poner los globos en la sala	

Additional Listening Activities

SONG

This is the traditional song for birthdays and saint's days throughout Mexico and the south-western United States. It used to be a serenade sung under a loved one's window in the early hours of the morning. In contemporary Mexico, a more typical custom is to play the song early in the morning, while the person having the birthday is still sleeping. When the song concludes, everyone barges into the bedroom with gifts, exchanging hugs and good wishes.

Las mañanitas

Éstas son las mañanitas que cantaba el Rey David;
a las muchachas bonitas se las cantamos aquí.
Despierta mi bien despierta, mira que ya amaneció.
Ya los pajaritos cantan, la luna ya se metió.

Qué linda está la mañana en que vengo a saludarte;
venimos todos con gusto y placer a felicitarte.

El día en que tú naciste, nacieron todas las flores,
y en la pila del bautismo cantaron los ruiseñores.
Ya viene amaneciendo, y la luz del día nos dio,
levántate de mañana, mira que ya amaneció.

This song is recorded on *Audio Compact Discs,* CD 10, Track 29. Although it is presented in this chapter, it can be used at any time.

6 Escuchemos: Régimen de salud p. 291

Mira los dibujos de estas seis personas. Escucha mientras ellos hablan de su vida diaria.
Escoge (*choose*) el nombre de la persona que habla según lo que dice.

Adriana

Raúl

Daniel

Fernando

Natalia

Soledad

1. _____

2. _____

3. _____

4. _____

5. _____

6. _____

Student Response Forms

13 Escuchemos: ¿Cómo te sientes hoy? p. 294

Listen to these people talk about how they feel today. Using the following drawings, write the correct number or numbers that corresponds to each description.

1. estar resfriado/a

2. estar nervioso/a

3. estar enojado/a

4. estar triste

5. estar preocupado/a

6. tener fiebre

7. tener tos

8. tener gripe

1. _____   4. _____   7. _____

2. _____   5. _____   8. _____

3. _____   6. _____

17 Escuchemos: Quejas p. 296

Listen to several people tell how they feel. Match each person's complaint with the correct symptom.

_____ 1. Gregorio   **a.** Me duelen los brazos.

_____ 2. Flor   **b.** Me duelen los ojos.

_____ 3. Félix   **c.** Me duelen los pies.

_____ 4. Betty   **d.** Me duelen las piernas.

_____ 5. Laura   **e.** Me duele la mano.

_____ 6. Roberto   **f.** Me duele la garganta.

_____ 7. Cecilia   **g.** Me duele el estómago.

Student Response Forms

33 Escuchemos: ¿Adónde fuiste? p. 303

Listen as people talk about where they went last weekend. When they mention what they did there, write **sí** if it's logical and **no** if it isn't. If it isn't logical, write an activity or two that you might do at the place mentioned.

1. _____
2. _____
3. _____
4. _____
5. _____
6. _____
7. _____
8. _____

Repaso Activity 4: p. 309

Listen as Rafi and Sara talk about their last weekend in Puerto Rico. Answer the questions in Spanish.

1. ¿Cómo se siente Rafi? _____
2. ¿Cómo se siente Sara? _____
3. ¿Qué quieren hacer ellos? _____
4. ¿Qué le gustó a Sara? _____
5. ¿Qué le gustó a Rafi? _____

■ PRIMER PASO

11-1 You will hear a series of invitations and suggestions. Listen and decide if each one is accepted or not, and write **sí** or **no** according to what you hear.

1. _____

2. _____

3. _____

4. _____

11-2 Chela and Gerardo want to get in shape. Listen as they try to decide what sports to include in their new exercise program. What do they finally decide on?

They decide to start _____ .

Additional Listening Activities

■ SEGUNDO PASO

11-3 You will hear a series of dialogues between some friends, family members, and neighbors about how they are feeling today. Listen to each one, then choose the drawing that most closely reflects how each person is feeling. Write the number of the dialogue beneath the drawing that it matches.

A. _____   B. _____   C. _____   D. _____

11-4 Raquel has a part-time job at the downtown health clinic. Listen as she takes calls from different patients. Based on what you hear, fill in the missing blanks in the chart below.

Nombre	Síntomas	Hora de la cita
Teresa Dávila de Fuentes	le duele la garganta	
Agustín Osorio		1:15 P.M.
Geraldo López	cabeza	
Alicia Mendoza		12:30 P.M.

■ TERCER PASO

11-5 You are thinking of taking a class at your town's summer sports camp and you want to find out where the classes are being held. Listen to the recording giving information about the summer sports camp, and fill in the location of each class according to the schedule given.

    1. viernes y sábados 10:00 A.M. y 2:00 P.M. _____

    2. martes y viernes 11:00 A.M. _____

    3. jueves y domingo 4:30 P.M. _____

    4. lunes y miércoles 7:00 A.M. _____

11-6 You will hear several short conversations about where different people went. As you listen, write each person's name below the places where he or she went.

_____ _____ _____

_____ _____ _____

COPYING MASTERS

Additional Listening Activities

SONG

This is an old song, with versions found in a number of European countries. You might be familiar with the English version, *Brother John*, or the French version, *Frère Jacques*. The version sung in Spain is called *Fray Martín* (the word **fray** is a title used to refer to a monk). In the song, **Fray Martín** is told that he must go up in the bell tower (**subir al campanario**) in order to ring the church bells (**la campana**) for morning mass. This song is very often sung as a round.

Fray Martín

Fray Martín al campanario,
¡sube ya!, ¡sube ya!, toca la campana, toca la campana
¡Din!, ¡Don!, ¡Dan!, ¡Din!, ¡Don!, ¡Dan!
(*Repite*)

This song is recorded on *Audio Compact Discs,* CD 11, Track 28. Although it is presented in this chapter, it can be used at any time.

10 Escuchemos: De vacaciones p. 319

Mira los dibujos y escucha las conversaciones. Decide qué conversación corresponde a cada dibujo.

a.

b.

c.

1. _____   2. _____   3. _____

Student Response Forms

20 Escuchemos: Me gustaría... p. 324

Sara, David y Martín dicen todo lo que les gustaría hacer durante sus vacaciones. Escribe los siguientes datos (*information*) para cada persona:

Nombre: _____

Vive en: _____

Le gustaría ir a: _____

Quiere: _____

Nombre: _____

Vive en: _____

Le gustaría ir a: _____

Quiere: _____

Nombre: _____

Vive en: _____

Le gustaría ir a: _____

Quiere: _____

29 Escuchemos: ¡Qué divertido! p. 327

Carlos and Yolanda have just returned from their trip to Puerto Rico. Listen to them tell about it. Number the pictures in the correct order, according to what Carlos and Yolanda say.

a.

b.

c.

d.

_____   _____   _____   _____

Student Response Forms

Repaso Activity 1: p. 332

Las siguientes personas describen sus planes para las vacaciones. Para cada descripción que oyes, indica el dibujo correspondiente.

a.

b.

c.

d.

e.

f.

1. _____

2. _____

3. _____

4. _____

5. _____

6. _____

Additional Listening Activities

■ PRIMER PASO

12-1 Cecilia is getting set for a summer filled with activities. Listen as she describes her weekly schedule and use the activities below to fill in her calendar. Part of the calendar has already been filled in.

> clase de natación   trabajo
>
> partidos de fútbol   hacer ejercicio   clase de dibujo

| AGENDA SEMANAL | | | | | | |
domingo	lunes	martes	miércoles	jueves	viernes	sábado
	trabajo	clase de natación	trabajo			hacer ejercicio
partidos de fútbol				trabajo		

12-2 Listen as several people tell you about their upcoming vacation plans. Using the box below, write each person's name and what he or she needs for his or her trip.

> Teresa   Esteban   Victoria   Ernesto
>
> la cámara   los boletos   la maleta   el bloqueador

1. _____   2. _____   3. _____   4. _____

_____   _____   _____   _____

Additional Listening Activities

COPYING MASTERS

■ SEGUNDO PASO

12-3 Listen as Jaime tells Luis what his family members like to do on vacation. Match each person's name with the activity he or she likes to do.

_____ 1. Alicia   **a.** bajar el río en canoa

_____ 2. Jaime   **b.** no hacer nada

_____ 3. Armando   **c.** dar una caminata

_____ 4. Los padres   **d.** escalar montañas

_____ 5. Blanca   **e.** explorar el bosque

12-4 Imagine that you work at the travel agency **El Paracaídas**. Listen as each client tells you about his or her likes and dislikes. Fill in the chart below according to what each person would like to do.

le gustaría visitar museos   le gustaría ir al campo   le gustaría ir a los Andes

tiene ganas de ver plantas

no tiene ganas de hacer nada   prefiere un lugar cerca de la ciudad

Cliente	¿Qué le gustaría hacer?
Laura Treviño	
Carmen Donoso	
Arturo Ybarra	
Clara Montero	
Enrique Saldaña	
José Domínguez	

■ TERCER PASO

12-5 Piero just got back from vacation and he and his friend Marta are talking about what everyone did on vacation. Listen to their conversation and choose the right answer to the question.

1. a. Edwin fue a acampar en los bosques de Alemania.
   b. Edwin fue a explorar la selva tropical.

2. a. Ángela fue a tomar el sol en los Andes.
   b. Ángela fue a hacer turismo en Egipto.

3. a. Benjamín fue a escalar montañas.
   b. Benjamín fue a visitar a sus abuelos en Ponce.

4. a. Nora fue a saltar en paracaídas en Alemania.
   b. Nora fue a visitar a una amiga en Alemania.

5. a. Marta se quedó en casa.
   b. Marta fue a Italia.

6. a. Piero no fue a ningún lugar.
   b. Piero fue a visitar a su familia en Italia.

12-6 Guillermo was out of town for most of the summer vacation. Listen as his friend Sara tells him what happened while he was gone. Write each person's name below the drawing that shows what she or he did on vacation.

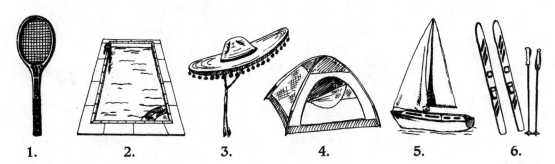

1. _____   2. _____   3. _____   4. _____   5. _____   6. _____

_____   _____   _____   _____   _____   _____

Additional Listening Activities

SONG

This very old song is probably from Mexico. When it was composed, it was customary for authors to "sign" their songs by including their names in the lyrics at the end of the song. Thus we know that Espiridión Zalazar wrote this song.

Paloma blanca

1. Paloma blanca,
   Blanca paloma,
   Quién tuviera tus alas,
   Tus alas quién tuviera para volar,
   Y volar para
   Donde están mis amores, mis amores donde están

   Refrán
   Tómale y llévale, llévale y tómale,
   Este ramo de flores, de flores este ramo
   Para que se acuerde de este pobre corazón.
   Zancas de gallo copetón,
   Espiridión Zalazar.

2. Tuve un amor,
   Un amor tuve,
   Lo quiero y lo quise
   Lo quise y lo quiero
   Porque era fino,
   Porque fino era,
   Más fino que un diamante.
   Como un diamante fino.
   Refrán

This song is recorded on *Audio Compact Discs,* CD 12, Track 31. Although it is presented in this chapter, it can be used at any time.

Scripts and Answers for Textbook Listening Activities and Additional Listening Activities

Nombres comunes, p. 5

The script is the same as the list of names in *Pupils' Edition*, page 5.

Activity 2, p. 5

Marta	Miguel	Gregorio
Claudia	Luisa	Antonio
Margarita	Isabel	
Andrés	Cristóbal	

El alfabeto, pp. 6–7

A	**a** de águila	J	**jota** de jabón	R	**ere** de toro
B	**be** de bandera	K	**ka** de karate		**erre** de burro
C	**ce** de ciclismo	L	**ele** de lámpara	S	**ese** de salvavidas
CH	**che** de chaleco	LL	**elle** de llanta	T	**te** de teléfono
D	**de** de dinero	M	**eme** de máscara	U	**u** de uvas
E	**e** de ensalada	N	**ene** de naranja	V	**ve** de violín
F	**efe** de fruta	Ñ	**eñe** de castañuelas	W	**doble ve** de Wálter
G	**ge** de geografía	O	**o** de oso	X	**equis** de examen
H	**hache** de helicóptero	P	**pe** de piñata	Y	**y griega** de yate
I	**i** de iguana	Q	**cu** de quetzal	Z	**zeta** de zapatos

Activity 6, p. 7

1. Pe, a, u, ele, a; Paula
2. I, ge, ene, a, ce, i, o; Ignacio
3. Jota, o, ere, ge, e; Jorge
4. Eme, a, ere, te, a; Marta
5. A, de, ere, i, a, ene, a; Adriana
6. Che, a, ere, o; Charo

Frases útiles para escuchar, p. 8

Abran el libro (en la página 20), por favor.
Levántense, por favor.
Siéntense, por favor.
Levanten la mano.
Bajen la mano.

Escuchen con atención.
Repitan después de mí.
Saquen una hoja de papel.
Silencio, por favor.
Miren la pizarra.

Activity 8, p. 8

1. Simón dice, "levántense, por favor".
2. Simón dice, "siéntense".
3. Simón dice, "saquen una hoja de papel".
4. Simón dice, "levanten la mano".
5. Bajen la mano.
6. Simón dice, "bajen la mano".
7. Miren la pizarra.
8. Simón dice, "repitan después de mí: ¡Gracias"!

Frases útiles para decir, p. 8

Buenos días.
Buenas tardes.
¿Cómo se dice... en español?
¿Cómo se escribe?

Más despacio, por favor.
¿Puedo ir por mi libro?
No entiendo.
No sé.

¿Puede repetir, por favor?
Perdón.
Tengo una pregunta.

Activity 13, p. 10

1. Me llamo Nicolás Guillén y mi número de teléfono es el 4-7-3-0-0-1-6.
2. Me llamo Juana Gómez Berea. Mi número de teléfono es el 3-9-1-2-3-4-6.
3. Soy Miguel Campos Romero. Mi número de teléfono es el 7-4-5-0-8-1-2.
4. Soy Cristina García. Mi número de teléfono es el 5-1-0-5-7-2-4.

LISTENING ACTIVITIES • SCRIPTS & ANSWERS

PRIMER PASO

Activity 6, p. 21

1. — Hasta luego, Miguel Ángel. Tengo que irme.
   — ¡Chao, Alicia!
2. — Hola, Santiago.
   — ¿Qué tal, Miguel Ángel?
3. — Buenos días, don Alonso.
   — Hola, Miguel Ángel.
4. — Adiós, Mariana.
   — Sí, hasta mañana, Miguel Ángel.
5. — Buenas tardes, doña Luisa. ¿Cómo está?
   — Buenas tardes. Estoy bien, gracias.
6. — Bueno, tengo clase.
   — ¡Hasta luego, David!

Answers to Activity 6

1. leaving	3. arriving	5. arriving
2. arriving	4. leaving	6. leaving

Activity 9, p. 23

1. Mucho gusto.
2. Me llamo Abel. ¿Y tú? ¿Cómo te llamas?
3. Éste es mi amigo. Se llama Felipe.
4. Ésta es Evita, la estudiante del programa internacional.
5. Encantada.
6. Soy la señora Rivas.
7. Mucho gusto.

Possible answers to Activity 9

1. ¡Mucho gusto!	5. Igualmente.
2. Mucho gusto. Me llamo [*name*].	6. ¡Mucho gusto!
3. ¡Mucho gusto!; Encantado(a).	7. ¡Mucho gusto!; Igualmente.
4. Mucho gusto.	

Activity 13, p. 24

1. SARA ¿Cómo estás, Daniel?
   DANIEL Ay, muy mal.
2. SARA ¿Qué tal, Marta?
   MARTA Más o menos, Sara. ¿Y tú?
3. SARA Buenos días, Elena. ¿Cómo estás?
   ELENA Estoy muy bien, gracias, Sara.
4. SARA Hola, José Luis. ¿Qué tal?
   JOSÉ LUIS Pues, muy bien, Sara. ¿Y tú?
5. SARA Buenas tardes, Carlos. ¿Cómo estas?
   CARLOS ¡Excelente!
6. SARA ¿Qué tal, Juan?
   JUAN Pues, estoy muy mal, amiga, muy mal.

Answers to Activity 13

bien	*regular*	*mal*
Elena	Felipe (MODELO)	Daniel
José Luis	Marta	Juan
Carlos		

LISTENING ACTIVITIES • SCRIPTS & ANSWERS

SEGUNDO PASO

Activity 18, p. 28

DANIEL   Ésta es Marisa y tiene catorce años. Éste es José.
ARIANA   ¿Cuántos años tiene?
DANIEL   Tiene seis años.
ARIANA   ¿Y éste? ¿Cómo se llama?
DANIEL   Es David. Tiene once años.
ARIANA   ¿Y ésta?
DANIEL   Se llama Anita. Tiene veinticinco años.
ARIANA   ¿Y éste?
DANIEL   ¡Éste es Daniel! ¡Sí, soy yo! En esta foto tengo un año.

Answers to Activity 18
a. Marisa—14
b. Daniel—1
c. Anita—25
d. David—11
e. José—6

Activity 21, p. 29

1. — ¡Cómo se llama?
   — Se llama Gabriela y es de Buenos Aires, Argentina.
2. — Y ésta es Maricarmen?
   — Sí, es Maricarmen y es de Santiago de Chile.
3. — ¡De dónde es David?
   — David es de Madrid, España.
4. — ¿Cómo te llamas?
   — Mi nombre es Antonio y soy de Quito, Ecuador.
5. — ¿Y tú? Eres Laura, ¿verdad?
   — Sí, Laura Alicia, encantada. Yo soy de San José, Costa Rica.
6. — ¿De dónde es Pedro?
   — Pedro es de Santa Fe de Bogotá, Colombia.

Answers to Activity 21
1. Gabriela es de Argentina.
2. Maricarmen es de Chile.
3. David es de España.
4. Antonio es de Ecuador.
5. Laura es de Costa Rica.
6. Pedro es de Colombia.

TERCER PASO

Activity 29, p. 32

CARLOS   ¿Te gusta el voleibol?
ELENA   Bueno, no. No me gusta mucho.
CARLOS   ¿Te gusta la pizza?
ELENA   No, no me gusta.
CARLOS   Oye, ¿te gusta la música pop?
ELENA   Pues, no me gusta.
CARLOS   Bueno, entonces, ¿qué te gusta?
ELENA   A ver... ¿te gusta la comida mexicana?
CARLOS   Sí, me gusta.
ELENA   ¡Estupendo! A mí también me gusta. ¿Te gusta el restaurante Taco Paco?
CARLOS   Mmm..., no, no me gusta mucho.
ELENA   Ah, bueno...

Answers to Activity 29

Likes
la comida mexicana

Doesn't like
el voleibol
la pizza
la música pop
el restaurante Taco Paco

Elena and Carlos should eat Mexican food together.

Activity 32, p. 33

AMIGO   ¿Te gustan los deportes?
DIANA   Sí, me gusta el béisbol. Y me gusta mucho el tenis. No me gusta mucho la natación.
AMIGO   Bueno, y ¿qué comida te gusta?
DIANA   Mmm, no me gusta la fruta. Me gusta la comida italiana. Y la ensalada. ¡Me gusta mucho la ensalada!
AMIGO   Y a ti te gusta bastante la música, ¿verdad?
DIANA   Sí, me gusta la música pero no me gusta el jazz. Me gusta más la música rock.

Answers to Activity 32

Likes
el béisbol
el tenis
la ensalada
la comida italiana
la música rock

Dislikes
la natación
la fruta
el jazz

LETRA Y SONIDO, P. 35

For the scripts for Parts A and C, see *Pupil's Edition*, page 35. The dialogue for Part B is below.

B. Dictado

— Buenos días, Marta. ¿Qué tal?
— Muy bien, Ana. ¿Cómo estás?
— Bien. Bueno, tengo que irme.
— Hasta luego.
— Chao.

REPASO

Activity 1, p. 38

MODELO   Me llamo Mariana Castillo. Soy de España. Tengo quince años y me gusta mucho la música rock. No me gusta el tenis.

— Hola. Me llamo Liliana Rivera. Soy de Santiago de Chile y tengo dieciséis años. Me gusta mucho el tenis pero no me gusta hacer la tarea.
— Hola, ¿qué tal? Soy Pablo García. Soy de Monterrey, México, y tengo quince años. Me gusta mucho el inglés. No me gusta la música clásica, pero la música rock, sí.

Answers to Repaso Activity 1

Nombre: Liliana Rivera
Origen: Es de Santiago de Chile
Edad: 16 años
Le gusta: el tenis
No le gusta: la tarea

Nombre: Pablo García
Origen: Es de Monterrey, México
Edad: 15 años
Le gusta: el inglés, la música rock
No le gusta: la música clásica

Additional Listening Activity 1-1, p. 7

1.	ANDRÉS	Buenos días, amigo. Bienvenido a mi casa.
2.	TÚ	¿Cómo estás?
3.	ANDRÉS	Ésta es mi madre.
4.	TÚ	Mucho gusto, Señora Segovia.
5.	SRA. SEGOVIA	Mucho gusto.
6.	SR. SEGOVIA	Yo soy el padre de Andrés. Soy el señor Segovia. Mucho gusto.
7.	ANDRÉS	Y éste es mi hermano menor, Felipe.
8.	TÚ	Nos vemos mañana en la clase de español. Hasta luego.

Additional Listening Activity 1-2, p. 7

FÉLIX
1. Estoy bien, gracias.
2. ¿Cómo estás?
3. Yo me llamo Félix.
4. Hasta luego, Rolo.
5. ¿Qué tal?
6. Buenos días.
7. ¿Cómo te llamas?
8. Hola.

Additional Listening Activity 1-3, p. 8

1. Ahora llega de Barcelona el tren número doce.
2. Ahora llega de Toledo el tren número veintitrés.
3. Ahora llega de Valencia el tren número once.
4. Ahora llega de Burgos el tren número veinte.
5. Ahora llega de Córdoba el tren número treinta.
6. Ahora llega de Toledo el tren número diecinueve.
7. Ahora llega de Valencia el tren número veintisiete.
8. Ahora llega de Segovia el tren número veintiocho.
9. Ahora llega de Córdoba el tren número dieciséis.
10. Ahora llega de Aranjuez el tren número tres.

Additional Listening Activity 1-4, p. 8

GUILLERMO Me llamo Guillermo pero mis amigos me llaman Memo. Soy de Nueva York en Estados Unidos. Tengo quince años y soy alumno. Encantado.

BEATRIZ Soy Beatriz. Mi familia vive en Jerez de la Frontera. Soy de España, pues. Tengo doce años. Mucho gusto.

MANUEL Hola. Me llamo Manuel. Soy alumno de un colegio privado en Santa Fe de Bogotá. Soy de Colombia y tengo catorce años. Mucho gusto.

PATRICIA Buenas tardes. Soy Patricia. Todos me llaman Paty. Soy de la Ciudad de México y tengo trece años. Mucho gusto en conocerte.

GINA ¡Hola! ¿Qué tal? Me llamo Gina. No es nombre español—es italiano. Mi familia viene de Italia, pero yo soy de Buenos Aires, Argentina. Tengo dieciséis años.

Additional Listening Activity 1-5, p. 9

LUCINDA ¿Qué me gusta? Pues, a mí me gustan muchas cosas. Me gusta el tenis y por supuesto me gusta mucho el fútbol. La música rock me gusta. Y de comer, me gusta la comida china. ¡Oh! también me gusta la fruta.

TOMÁS Yo soy Tomás y a mí me gusta el tenis. Lucinda y yo jugamos juntos a veces. Y como a ella, a mí también me gusta el fútbol. Y para comer, pues, me gusta mucho la pizza.

GERARDO A mí me gusta el fútbol y también me gusta el béisbol. La música... pues, la música rock me gusta. ¡Y como a todo el mundo, me gusta la pizza!

Additional Listening Activity 1-6, p. 9

MARIO el 20 de septiembre de 1997.
Querida Luz,
¡Hola! ¿Cómo estás? Me llamo Mario Luis Santos Rodríguez. Soy alumno en el Colegio Santiago de Compostela. Tengo quince años. Juego al fútbol y al tenis. Me gusta también el baloncesto. Mi clase preferida es el inglés. Quiero vivir en los Estados Unidos algún día. Pues, espero recibir una carta tuya muy pronto.
Tu amigo,
Mario

Answers to Additional Listening Activities

Additional Listening Activity 1-1, p. 7

1. b   2. a   3. b   4. c   5. c   6. c   7. b   8. a

Additional Listening Activity 1-2, p. 7

	Félix is telling you something about himself	Félix is asking you a question or addressing you
1.	✓	
2.		✓
3.	✓	
4.		✓
5.		✓
6.		✓
7.		✓
8.		✓

Additional Listening Activity 1-3, p. 8

	Tren	
1.	12	sí
2.	11	
3.	17	
4.	20	sí
5.	30	sí
6.	9	
7.	19	
8.	28	sí
9.	16	sí
10.	3	sí

Additional Listening Activity 1-4, p. 8

	Name	Country of Origin	Age
1.	Guillermo	Estados Unidos	15
2.	Beatriz	España	12
3.	Manuel	Colombia	14
4.	Patricia	México	13
5.	Gina	la Argentina	16

Additional Listening Activity 1-5, p. 9

1. __LT__ el tenis
2. __LTG__ el fútbol
3. __G__ el béisbol
4. _____ la clase de inglés
5. __LG__ la música rock
6. _____ la música clásica
7. __L__ la comida china
8. __TG__ la pizza
9. __L__ la fruta

Additional Listening Activity 1-6, p. 9

1. Hola
2. estás
3. Soy
4. quince
5. tenis
6. gusta
7. inglés
8. una

PRIMER PASO

Activity 6, p. 47

ARTURO Para las clases, necesito unas gomas de borrar, cuadernos y libros, claro. Tú, ¿qué necesitas?

SUMIKO Necesito lápices y cuadernos, y una regla nueva.

Answers to Activity 6
gomas de borrar, cuadernos, libros, lápices, regla. *Students should circle* **cuadernos.**

Activity 8, p. 48

Necesito papel, una calculadora, lápices y una carpeta. Ya tengo una mochila, varios cuadernos, los libros y los bolígrafos.

Answers to Activity 8
Necesito: papel, calculadora, lápices, carpeta.

SEGUNDO PASO

Activity 16, p. 52

En mi cuarto, hay dos camas y dos escritorios. También hay dos sillas, una mesa y un televisor. En mi cuarto tengo también una radio, una lámpara y tres carteles. Claro que también hay una puerta y una ventana, un armario y ropa en el armario.

Answers to Activity 16
camas, escritorios, sillas, mesa, televisor, radio, lámpara, carteles, puerta, ventana, armario, ropa; *comparisons will vary.*

TERCER PASO

Activity 27, p. 57

Primero les digo lo que necesito hacer yo. Necesito organizar mi cuarto, poner la ropa en el armario y encontrar mi mochila. Necesito hacer muchas cosas. Mi hermano Tomás también necesita hacer muchas cosas. Él necesita ir al centro comercial para comprar una mochila nueva, pero primero necesita hacer la tarea.

Answers to Activity 27
1. both
2. Tomás
3. Tomás
4. Victoria
5. Victoria/both
   (Students may point out that Tomás will need to find one in order to buy it.)
6. Victoria
7. Tomás

LISTENING ACTIVITIES · SCRIPTS & ANSWERS

LETRA Y SONIDO, P. 59

For the scripts for Parts A and C, see *Pupil's Edition,* page 59. The script for Part B is below.

B. Dictado

Quiero ir de compras. Necesito varias cosas—diez lápices, una calculadora, dos cuadernos y un diccionario. No necesito bolígrafos—ya tengo cinco. Y carpetas, ya tengo cuatro. ¿Qué más? Ah, sí, ¡necesito el dinero!

REPASO

Activity 1, p. 62

Para las clases necesitas muchas cosas. Necesitas una mochila, cuatro cuadernos, cinco carpetas, diez bolígrafos, seis lápices y un diccionario.

Additional Listening Activity 2-1, p. 15

SEBASTIÁN Bueno, en mi mochila hay dos cuadernos. También hay dos libros: uno para la clase de español y otro para la clase de inglés. Ah... y también hay unos bolígrafos, una carpeta y una calculadora.

OLGA Mmm... a ver... en mi mochila hay unos lápices. Hay unas carpetas. También hay un libro para la clase de español. Hay tres cuadernos y una regla.

Additional Listening Activity 2-2, p. 15

SILVIA ¿Hola? ¿Librería San Martín? Me llamo Silvia Rivera. Por favor, necesito dos cuadernos, ocho carpetas y una calculadora. Gracias. Adiós.

DAMIÁN Hola, buenos días. Soy Damián Brazos. Por favor, necesito tres libros y dos diccionarios. Ah, sí... también quiero diez lápices. Muchas gracias. Hasta luego.

CRISTINA Muy buenas tardes. Me llamo Cristina Peralta. Por favor, quiero siete bolígrafos y también seis reglas. Ah, y también necesito un pincel. Gracias. Adiós.

RAÚL Hola, buenas tardes. Habla Raúl Márquez. Por favor, necesito nueve gomas de borrar. También quiero una mochila y cinco marcadores.

Additional Listening Activity 2-3, p. 16

SRA. SÁNCHEZ Bueno, hijos, necesitamos ir al centro comercial ahora.

DIANA Sí, mamá. Necesito muchas cosas para el colegio.

SRA. SÁNCHEZ Ah, ¿sí? ¿Qué cosas necesitas?

DIANA Bueno... necesito muchas cosas. Un diccionario nuevo, cuadernos...

SRA. SÁNCHEZ Muy bien... Norberto, ¿qué necesitas tú para el colegio?

NORBERTO Necesito una calculadora y unos lápices.

SRA. SÁNCHEZ Está bien. Vamos.

Additional Listening Activity 2-4, p. 16

ENTREVISTADORA Hola, Germán, y gracias por hablar con nosotros hoy.

GERMÁN De nada.

ENTREVISTADORA Germán, cuéntanos... ¿cómo es tu casa?

GERMÁN Mi casa es muy grande.

ENTREVISTADORA Y ¿qué cosas hay en tu cuarto?

GERMÁN Hay muchas cosas. Tengo una cama, un televisor y dos teléfonos.

ENTREVISTADORA Sí, ¿y qué más hay?

GERMÁN Hay un estéreo muy moderno. Me gusta mucho mi estéreo... ¡es nuevo! También me gusta leer, y en mi cuarto tengo muchas revistas.

ENTREVISTADORA Germán, tienes mucho dinero. ¿Qué quieres comprar para tu cuarto?

GERMÁN Pues, quiero comprar muchos libros. Y también comprar más carteles de grupos musicales.

ENTREVISTADORA Bueno, Germán, otra vez gracias por la entrevista.

GERMÁN De nada. Gracias a Ud.

Additional Listening Activity 2-5, p. 17

1.   TOÑO   Oye, Felipe, ¿cuál es tu dirección?
      FELIPE   Vivo en la calle Mirador, número 62.
      TOÑO   ¿Y tu número de teléfono?
      FELIPE   Es el 7-54-27-66.
      TOÑO   Muy bien. Gracias.
2.   TOÑO   Hola, Virginia. Dime...¿cuál es tu dirección?
      VIRGINIA   Vivo en la calle Santa Lucía, número 21.
      TOÑO   ¿Y cuál es tu teléfono?
      VIRGINIA   Es el 3-91-62-81.
      TOÑO   Gracias.
3.   TOÑO   Roberto, ¿dónde vives?
      ROBERTO   En la calle Palmeras, número 69.
      TOÑO   ¿Y tu número de teléfono?
      ROBERTO   Mi número de teléfono es el 3-37-42-85.
      TOÑO   Muy bien. Gracias.
4.   TOÑO   Hola, Antonia. ¿Cuál es tu dirección?
      ANTONIA   Calle Galdós, número 175.
      TOÑO   ¿Y cuál es tu número de teléfono?
      ANTONIA   Es el 9-26-37-49.
      TOÑO   Muchas gracias.

Additional Listening Activity 2-6, p. 17

   HORTE   Quiero ir a la pizzería con Lichita antes de la fiesta, pero necesito estudiar. Tengo mucha tarea en mi clase de español. ¡Qué pesado!

   PEPE   Quiero ir al centro comercial con Armando porque quiero comprar ropa, pero necesito encontrar mi dinero. ¿Dónde está?

   LICHITA   ¡Ay, qué horror! Quiero ir a una fiesta esta noche, pero mi cuarto es un desastre. Necesito poner la ropa en el armario para encontrar algo que llevar.

   ARMANDO   Este fin de semana quiero jugar al baloncesto con mis amigos, pero no tengo zapatillas de tenis. Necesito comprar unas.

Answers to Additional Listening Activities

Additional Listening Activity 2-1, p. 15

Bookbag #1: Olga
Bookbag #2: Sebastián

Additional Listening Activity 2-2, p. 15

	Nombre	Cantidad	Artículo
1.	Silvia Rivera	2	cuadernos
		8	carpetas
		1	calculadora
2.	Damián Brazos	3	libros
		2	diccionarios
		10	lápices
3.	Cristina Peralta	7	bolígrafos
		6	reglas
		1	pincel
4.	Raúl Márquez	9	gomas de borrar
		1	mochila
		5	marcadores

Additional Listening Activity 2-3, p. 16

D: diccionario, cuadernos
N: calculadora, lápices

Additional Listening Activity 2-4, p. 16

	Ya tiene	Quiere
1. estéreo	✔	
2. libros		✔
3. cama	✔	
4. carteles		✔
5. dos teléfonos	✔	
6. televisor	✔	
7. revistas	✔	

Additional Listening Activity 2-5, p. 17

Nombre: Felipe Gamboa
Dirección: Calle Mirador 62
Teléfono: 7-54-27-66
Nombre: Virginia Pascual
Dirección: Calle Santa Lucía 21
Teléfono: 3-91-62-81

Nombre: Roberto Morales
Dirección: Calle Palmeras 69
Teléfono: 3-37-42-85
Nombre: Antonia Véguez
Dirección: Calle Galdós 175
Teléfono: 9-26-37-49

Additional Listening Activity 2-6, p. 17

1. c   2. d   3. a   4. b

PRIMER PASO

Activity 6, p. 75

— Hola, Lupita. ¿Qué tal?
— Hola, Álvaro. ¿Cómo estás?
— Bien, ¿y tú?
— Bueno, más o menos. Es el primer día de clase y ya tengo mucha tarea.
— ¿Qué clases tienes?
— Tengo ciencias, francés, arte, matemáticas, computación, educación física e historia con el profesor Maldonado. ¿Qué clases tienes tú?
— Yo tengo historia con la profesora Vázquez, álgebra, biología, computación y geografía.
— ¿A qué hora tienes clase de computación?
— A la una menos cinco.
— ¡Qué bien! Estamos en la misma clase, entonces.
— ¡Ay, no, llegamos tarde!
— ¡Vamos!

Answers to Activity 6
Lupita and Álvaro have the class of **computación** together.

Activity 10, p. 77

1. — Oye, Bernardo, ¿qué hora es?
   — Son las dos y media.
2. — Bernardo, dime, ¿qué hora es?
   — Son las tres y cuarto.
3. — No tengo reloj, Bernardo. ¿Qué hora es?
   — Son las seis.
4. — ¿Qué hora es, por favor?
   — Es la una y cuarto, mi hijo.
5. — Ahora, ¿qué hora es?
   — Son las diez. Vete a jugar.
6. — Bueno, Geraldo. ¡Despiértate!
   — ¿Qué hora es?
   — Son las ocho.
7. — Ya es tarde.
   — Pero, Bernardo, ¿qué hora es?
   — Son las ocho y media.
8. — Bernardo, ¿Qué hora es?
   — Son las cuatro. ¡Vamos al parque!

Answers to Activity 10
1. h 2. f 3. g 4. a 5. c 6. e 7. b 8. d

Activity 13, p. 78

MODELO   Son las doce y diez. Tengo la clase de computación.
         12:10, la clase de computación

1. Ya son las nueve y cuarto. Tengo la clase de arte.
2. Ahora tengo ciencias sociales. Son las ocho y veinticinco.
3. Son las once y cuarenta. Por fin tengo almuerzo.
4. ¡Ya es la una! Tengo clase de matemáticas.
5. Ya son las dos menos cinco. Tengo educación física.
6. Son las tres menos cuarto. Tengo la clase de francés.
7. ¿Son las diez y cinco? ¡Tengo geografía!

Answers to Activity 13
1. 9:15, arte
2. 8:25, ciencias sociales
3. 11:40, almuerzo
4. 1.00, matemáticas
5. 1:55, educación física
6. 2:45, francés
7. 10:05, geografía

SEGUNDO PASO

Activity 15 p. 80

1. Necesito ir a clase. ¿Qué hora es?
2. ¿A qué hora es el descanso?
3. Necesito organizar mi cuarto. ¿Ya son las tres?
4. ¿A qué hora es el almuerzo?
5. ¿A qué hora necesitas ir a la clase de inglés?
6. Quiero ir al centro comercial. ¿Qué hora es?

Answers to Activity 15
1. a   2. b   3. a   4. b   5. b   6. a

TERCER PASO

Activity 29, p. 87

— Hola, Patricia, soy Gregorio. ¿Cómo estás?
— Muy bien. ¿Y tú?
— Bien. Oye, ¿qué haces esta tarde? Hay una fiesta a las ocho.
— ¡Ay, no, una fiesta no, por favor! No me gustan las fiestas. Pero me gustan los partidos de fútbol.
— Este, pues... No me gustan los partidos de fútbol. No son interesantes. Pero, a ver... me gustan los videojuegos. ¿A ti te gustan?
— Los videojuegos no me gustan. Bueno, Gregorio, ¿te gustan los partidos de tenis?
— Es que no me gustan los deportes. Pero me gustan los conciertos.
— ¡Ay, sí! Me encantan los conciertos. ¿Qué música te gusta? ¿Te gusta la música rock?
— Sí, me gusta la música rock. ¡Vamos a un concierto!
— ¡Fantástico! Oye, Gregorio, ¿tienes un coche?
— Pues, no...

Answers to Activity 29
1. cierto   2. falso   3. falso   4. cierto

LETRA Y SONIDO, P. 89

For the scripts for Parts A and C, see *Pupil's Edition,* page 89. The script for Part B is below.

B. Dictado

Necesito una goma de borrar y una regla en matemáticas. En geografía, necesito un bolígrafo y un cuaderno.

REPASO

Activity 1, p. 92

1. Son las tres de la mañana en la ciudad de Panamá.
2. En la ciudad de Los Ángeles son las doce del mediodía.
3. Aquí en Nueva York es la una y veinticinco de la tarde.
4. Son las tres y media de la tarde de un día fresco y nublado aquí en la bella ciudad de Miami.
5. Aquí en Caracas son las nueve menos cinco de la noche.

Answers to Repaso Activity 1
Answers will vary according to locale.

Scripts *for* Additional Listening Activities

Additional Listening Activity 3-1, p. 23

ISA	Hola, Juan Pablo. Soy yo, Isa.
JUAN PABLO	Isa, ¿qué tal?
ISA	Bien, gracias. ¿Y tú?
JUAN PABLO	Bien. ¿Qué hay de nuevo?
ISA	Nada... sólo quiero saber qué clases tienes este año.
JUAN PABLO	Bueno, por la mañana tengo cuatro clases. Primero, tengo química con el profesor Mendoza. ¡Es horrible! Luego, tengo geografía con la profesora Pérez. Me gusta esa clase porque es interesante. Después, tengo matemáticas. Me gusta la clase de matemáticas, pero es difícil. Y por fin, tengo computación, con el profesor Alonso.
ISA	¿Y por la tarde, qué clases tienes?
JUAN PABLO	Pues, a ver... por la tarde sólo tengo tres clases. Primero tengo español, con la profesora Ibáñez. Después, tengo francés con el profesor Martínez. ¡La clase de francés no me gusta! Y finalmente, tengo educación física.
ISA	¡Qué bien! Tú y yo tenemos unas clases juntos este año. Bueno, Juan Pablo, necesito organizar mi cuarto. Hasta luego.
JUAN PABLO	Hasta mañana.

Additional Listening Activity 3-2, p. 23

1. Son las diez y media de la noche.
2. Son las nueve menos quince de la noche.
3. Son las doce y media de la tarde.
4. Son las siete y veinte de la mañana.
5. Son las cinco y media de la tarde.
6. Son las diez de la noche.

Additional Listening Activity 3-3, p. 24

¿Cómo es una mañana normal para mí? Bueno, voy al colegio a las ocho y veinte de la mañana. ¡Generalmente tengo prisa! Primero, a las ocho y media, tengo la clase de matemáticas, con la señora Ríos. La clase de matemáticas es muy grande. Luego, tengo la clase de computación, a las nueve y veinticinco. No me gusta mucho esa clase—¡necesito estudiar mucho! También es aburrida. Después, tengo la clase de ciencias sociales. Es a las diez y quince. Por fin, tengo el almuerzo, a las once y media. Voy con mis amigos a la cafetería.

Additional Listening Activity 3-4, p. 24

Profesores y estudiantes del Colegio Cervantes, muy buenas tardes. Atención, por favor. Primero, la reunión del Club de computación es a las tres y media de la tarde. Después, el Club de música tiene una reunión a las cuatro y cuarto. A las cinco menos cuarto, hay un concierto de música clásica, presentada por la orquesta del Colegio Cervantes. Va a ser muy bueno. Y también, a las siete y media de la tarde, hay una fiesta del Club de español. Hay comida mexicana, y todos los estudiantes están invitados. Es todo por hoy. Gracias por su atención.

Additional Listening Activity 3-5, p. 25

1. Es alta y rubia. También es muy simpática, ¿no?
2. ¿Cómo es Juan? Bueno, es alto y moreno. También es un buen amigo.
3. El profesor Martín es inteligente. Es mi profesor favorito.
4. Mis amigos son divertidos y simpáticos. Te van a gustar mucho.
5. La chica nueva es morena y bonita. Se llama Jasmín.
6. La profesora de música es interesante. ¿Tienes una clase de música este semestre?
7. Sí, sí, la clase es difícil. Pero no te preocupes, porque nosotras somos inteligentes.
8. ¿Quién es ese chico moreno y bajo? ¿Es el nuevo estudiante?

Additional Listening Activity 3-6, p. 25

RICARDO Elena, ¿qué clases tienes este semestre?
ELENA A ver... este semestre tengo inglés, alemán, geografía, matemáticas, educación física, y computación.
RICARDO ¿Y cuál es tu clase favorita?
ELENA Bueno, me gusta mucho la clase de computación.
RICARDO ¿La computación? ¿Por qué te gusta?
ELENA No sé. Porque es interesante.
RICARDO Pues, a mí no me gusta mucho esa clase. Es aburrida. Pero me gustan las ciencias y también me gusta mucho la música. Tengo una colección de discos compactos muy grande.
ELENA A mí también me gusta la música, sobre todo la música pop.
RICARDO ¿Te gustan los conciertos?
ELENA ¡Por supuesto! Me gustan mucho.
RICARDO ¿Quieres ir a un concierto mañana?
ELENA Sí. Bueno, tengo prisa. Tengo la clase de computación.
RICARDO Hasta luego.

Answers to Additional Listening Activities

Additional Listening Activity 3-1, p. 23

Classes should appear in following order:
d. química
a. geografía
b. matemáticas
f. computación
c. español
e. francés
g. educación física
Students should circle **matemáticas** and **español** as common classes.

Additional Listening Activity 3-2, p. 23

1. cierto; **2.** falso; **3.** falso; **4.** cierto; **5.** cierto; **6.** cierto

Additional Listening Activity 3-3, p. 24

matemáticas: 8:30; computación: 9:25; ciencias sociales: 10:15; almuerzo (cafetería): 11:30

Additional Listening Activity 3-4, p. 24

3:30: c; 4:15: b; 4:45: d; 7:30: a

Additional Listening Activity 3-5, p. 25

1. g; **2.** d; **3.** f; **4.** e; **5.** b; **6.** h; **7.** c; **8.** a

Additional Listening Activity 3-6, p. 25

For Elena the following items should be checked off: **la computación, los conciertos, la música**.
For Ricardo the following items should be checked off: **las ciencias, los conciertos, la música**.
Both Elena and Ricardo enjoy **los conciertos** and **la música**.

PRIMER PASO

Activity 6, p. 101

1. Hola. Me llamo Tomás. Me gusta comprar muchas cosas. Por eso me gusta ir de compras.
2. ¿Qué tal? Me llamo Arturo. No me gustan las fiestas porque son muy aburridas.
3. Yo soy Bárbara. A mí me gusta hablar por teléfono... ¡día y noche!
4. Hola. Soy Patricia. No me gusta estudiar mucho, pero me gusta mirar la televisión.

Answers to Activity 6
1. c   2. b   3. a   4. d

Activity 8, p. 102

1. Hola, soy Carmen. Escucho música y miro la televisión en mi cuarto.
2. Me llamo Javier. Hablo por teléfono con Sofía, Manuel, Rebeca y Raúl, Leonardo...
3. Soy Armando. Ana y yo estudiamos en la biblioteca día y noche.
4. Me llamo Susana. Después de clases, practico el béisbol y el tenis.
5. Soy Pablo. En el tiempo libre, bailo y canto con mis amigos. Toco la guitarra también.

Answers to Activity 8
1. d   2. b   3. e   4. c   5. a

SEGUNDO PASO

Activity 18, p. 106

1. ¿El correo? Está en la Plaza de la Constitución.
2. Necesito encontrar mi mochila. No está en mi cuarto.
3. Hola. ¿Qué tal? Estoy atrasado. Todavía estoy en el trabajo.
4. ¡Estoy aquí, José! Mira, José, ¡estoy aquí!

Answers to Activity 18
1. c   2. d   3. b   4. a

Activity 21, p. 108

MODELO   Paco es bajo y moreno. Le gusta jugar con su perro. Está en el parque.

1. Marisa y Ana Luisa son guapas y morenas. Tienen catorce años. Están en el restaurante.
2. El señor Contreras es bajo y le gusta comprar ropa. Está en la tienda.
3. Eva es muy inteligente y le gusta estudiar matemáticas. Está en la biblioteca.
4. Isabel tiene seis años y le gustan los videos cómicos. Está en la casa.
5. Mario y José son antipáticos. Siempre necesitan hablar con el director del colegio. Están al lado de la oficina del director.
6. Anabel nada muy bien. Tiene treinta y cinco años y es muy bonita. Está en la piscina.
7. Guillermo es alto y rubio. Juega mucho al basquetbol con sus amigos. Está en el gimnasio.

Answers to Activity 21
1. f   2. g   3. e   4. c   5. h   6. b   7. d

TERCER PASO

Activity 26, p. 111

1. —Y Pedro, ¿adónde va él?
   —Él va a la casa de Graciela.
2. —David y Luisa, entonces. ¿Adónde van ellos?
   —Ellos van al gimnasio.
3. —Y tú, Alicia, ¿adónde vas?
   —Voy a la piscina. Trabajo allí hoy.
4. —Y Carlos, ¿va al cine?
   —Sí, Carlos va al cine.
5. —Hola Carlos.
   —Hola Filiberto. ¿Adónde vas?
   —Voy al cine. ¡Contigo!

Answers to Activity 26
1. Pedro va a la casa de Graciela.
2. David y Luisa van al gimnasio.
3. Alicia va a la piscina.
4. Carlos va al cine.
5. Filiberto va al cine. *Carlos can give Filiberto a ride to the movies.*

LETRA Y SONIDO, P. 113

For the scripts for Parts A and C, see *Pupil's Edition,* page 113. The script for Part B is below.

B. Dictado, p. 113

veinte, bolígrafo, librería, basura, el tiempo libre, jueves

REPASO

Activity 1, p. 116

MODELO   Hola, soy Carlos. El sábado vamos al parque para jugar al tenis. Vamos a las 10:00. ¿Quieres ir también?

1. Buenos días. Soy Carmen. Enrique y yo vamos a estudiar en la biblioteca hoy a las tres y media. ¿Quieres ir con nosotros?
2. Hola. Soy Gaby. ¿Cómo estás? Voy a la piscina mañana a las cuatro y media. ¿Quieres ir conmigo?
3. Buenos días. Soy Victoria. ¿Cómo estás? Sara y yo vamos al cine el domingo a las tres. A ti te gustan las películas, ¿no? Pues, ¡vamos!

Answers to Repaso Activity 1
Notes:
1. Carmen y Enrique van a la biblioteca hoy, a las 3:30
2. Gaby, va a la piscina mañana, a las 4:30
3. Victoria y Sara van al cine el domingo, a las 3:00

Scripts for Additional Listening Activities

Additional Listening Activity 4-1, p. 31

FERNANDO	Oye, Marta, ¿cómo es tu amiga Olivia?
MARTA	¿Olivia? Pues, es muy inteligente y cómica. ¿Por qué?
FERNANDO	Este... bueno, porque mi amigo Ramón quiere ser amigo de ella.
MARTA	Ah... ahora entiendo. ¿Y cómo es Ramón?
FERNANDO	Es interesante, simpático... y un amigo excelente. Él y yo siempre jugamos al basquetbol y al tenis juntos después de clases.
MARTA	¿Y qué le gusta hacer a Ramón?
FERNANDO	Le gusta nadar y escuchar música. También le gusta tocar la guitarra.
MARTA	Ah, ¿sí? Pues a Olivia también le gusta la música. Ella toca el piano. Siempre escuchamos música en su casa. También bailamos. A Olivia le gusta bailar mucho.
FERNANDO	Pues, a Ramón también le gusta bailar. Qué bien, ¿no? Ellos tienen unas cosas en común.
MARTA	Sí... oye, Fernando, dime... ¿A Ramón le gustan los animales?
FERNANDO	Pues, no sé si le gustan o no... ¿Por qué?
MARTA	Porque a Olivia le gusta mucho cuidar a los animales. Después de clases, ella siempre va al parque con sus cuatro perros y camina con ellos. Ella trabaja en la oficina de una veterinaria. Y quiere ser veterinaria en el futuro.
FERNANDO	Mmmm... no sé, Marta. Creo que hay un problema.
MARTA	¿Qué problema hay?
FERNANDO	¡Es que Ramón tiene alergias a los perros!

Additional Listening Activity 4-2, p. 31

GERMÁN	¡Hola! Me llamo Germán y les quiero explicar qué hacemos mis amigos y yo después de clases. ¡Siempre hay muchas cosas que hacer! Yo tomo un refresco en el Café Lido con mi amiga Laura. Después, Laura va a su clase de piano. Ella toca el piano una hora todos los días. Mis amigas Lupe y Juanita miran la televisión en casa de Lupe. Después de clases, mi amigo Paco necesita ir a casa porque necesita cuidar a su hermanita. Y mi amigo Emilio nada en la piscina municipal. Yo regreso a casa a las seis y media porque necesito preparar la cena con mi mamá y mi papá.

Additional Listening Activity 4-3, p. 32

MODELO	— ¿Dónde está la biblioteca?
	— Está al lado del Museo de Arte, en la Calle Mayor.
ROLANDO	Perdón, señor. ¿Dónde está el cine?
SEÑOR	El cine está cerca de la Plaza Mayor. Está al lado de la universidad, en la Avenida del Parque.
ROLANDO	Muchas gracias.
ROLANDO	Muy buenas tardes, señora. Por favor, ¿dónde está el correo?
SEÑORA	El correo está lejos de la Plaza Mayor. Está al lado del parque y muy cerca de la universidad, en el Paseo del Río.
ROLANDO	Gracias, señora.
SEÑORA	De nada, joven.
ROLANDO	Buenos días, señor. ¿Me puede decir si hay un restaurante en la Calle Central?
HOMBRE	Sí, en la Calle Central hay un restaurante español excelente. Está al lado de la plaza y del parque.
ROLANDO	Gracias. Muy amable.
ROLANDO	Perdon, señora. ¿Hay un supermercado cerca del museo?
SEÑORA	No, el supermercado no está cerca del museo. Está muy lejos. El supermercado está al lado de la Plaza Mayor, en la calle San Juan.
ROLANDO	Ah, bueno. Pues gracias, ¿eh?
SEÑORA	De nada.
ROLANDO	Muy buenas tardes, señor. ¿Me puede decir dónde está la librería?
HOMBRE	Sí, cómo no. La librería está al lado de la biblioteca, en la Calle Mayor.
ROLANDO	Gracias.
ROLANDO	Oiga, señora, una pregunta. ¿Dónde está el gimnasio?
SEÑORA	El gimnasio está en la Calle Mayor. Está al lado de la Plaza Mayor.
ROLANDO	Muy bien. Muchas gracias.
SEÑORA	De nada.

Additional Listening Activity 4-4, p. 32

SR. MALO	¿Bueno?
REMEDIOS	Hola, buenas tardes. Habla Remedios. ¿Está Alicia, por favor?
SR. MALO	Lo siento, Remedios, pero no está.
REMEDIOS	¿Dónde está?
SR. MALO	Está en el parque. Camina con el perro.
REMEDIOS	Muchas gracias.
SR. MALO	De nada. Adiós.

SRA. LÓPEZ	¿Bueno?
REMEDIOS	Hola, muy buenas.
SRA. LÓPEZ	¿Eres tú, Remedios?
REMEDIOS	Sí, Señora López. ¿Cómo está Ud.?
SRA. LÓPEZ	Pues bien, hija.
REMEDIOS	¿Está Alejandro?
SRA. LÓPEZ	No, en este momento no está. Creo que está en la biblioteca. Necesita estudiar para un examen de historia.
REMEDIOS	Muy bien. Muchas gracias.
SRA. LÓPEZ	Hasta luego, hija.

JUANITO	¿Hola?
REMEDIOS	Hola, Juanito, soy yo, Remedios.
JUANITO	Hola.
REMEDIOS	Dime, Juanito... ¿Está tu hermana Sara?
JUANITO	Está en el supermercado, con papá. Compran comida para la cena.
REMEDIOS	Bueno, muchas gracias. Adiós, Juanito.
JUANITO	Adiós.

Additional Listening Activity 4-5, p. 33

SR. ARCE	¡Hola! Hola, a todos. ¿Carmen? ¿Arturo? ¿Jimena? ¿Pero dónde está todo el mundo?
JIMENA	Aquí estoy, papá. ¿Qué tal?
SR. ARCE	Bien, hija, bien, pero... ¿adónde vas?
JIMENA	¡Uf! Hoy tengo muchas cosas que hacer. Primero voy a la biblioteca. Y luego voy a la piscina para nadar.
SR. ARCE	¿Y tu hermano? ¿Adónde va él?
JIMENA	Me parece que Arturo va a la casa de su amigo Santiago. Después ellos van a la pizzería.
SR. ARCE	Ah, sí. ¿Y dónde está mamá, entonces?
JIMENA	Mamá va al nuevo restaurante francés para comer con tía Elena. Después ellas van al hospital para visitar a la señora Suárez.
SR. ARCE	Así que estoy solo en casa...
JIMENA	¿Adónde vas tú, papá?
SR. ARCE	A ningún lado. Voy al sofá para mirar la tele y descansar.
JIMENA	Bueno, papá. Que lo pases bien, ¿eh? Hasta luego.

Additional Listening Activity 4-6, p. 33

CAROLINA	Bueno, Roque, ¿a qué hora quieres ir a la biblioteca para estudiar?
ROQUE	¿Qué tal si estudiamos a las dos?
CAROLINA	No, a las dos es imposible para mí. A las dos necesito cuidar a mi hermanito en casa. ¿Quieres ir a las tres?
ROQUE	Lo siento, Carolina, pero a las tres voy al gimnasio para una clase de tenis.
CAROLINA	Mmm... a ver... ¿qué haces por la mañana a las diez?
ROQUE	A las diez necesito estar en casa. Necesito organizar mi cuarto. ¿Qué haces a las once?
CAROLINA	A las once voy al hospital. Trabajo allí como voluntaria. Pero mi trabajo termina a las doce. ¿Qué haces tú a las doce?
ROQUE	Trabajo en el supermercado. ¡Qué complicado! Bueno... ¿qué haces por la tarde a las cuatro?
CAROLINA	A las cuatro voy al parque para caminar con mi perro. ¿Quieres estudiar a las cinco?
ROQUE	Sí, creo que a las cinco es posible. Pero a las siete voy a casa para la cena.
CAROLINA	Sí, yo también. Entonces... ¿a las cinco esta noche?
ROQUE	Sí, muy bien.

Answers to Additional Listening Activities

Additional Listening Activity 4-1, p. 31

R,O   bailar
O   trabajar en la oficina de una veterinaria
R   nadar
R   jugar al basquetbol y al tenis
R,O   tocar un instrumento musical
R,O   escuchar música
O   cuidar a los animales
O   caminar con los perros en el parque

Olivia and Ramón have three activities in common.

Additional Listening Activity 4-2, p. 31

1. c, d
2. c, f
3. e
4. e
5. b
6. a

Additional Listening Activity 4-3, p. 32

la biblioteca _1_
el cine _7_   un supermercado _3_
el correo _6_   la librería _4_
un restaurante _5_   el gimnasio _2_

Additional Listening Activity 4-4, p. 32

Alicia: camina con el perro
Alejandro: estudia para un examen de historia
Sara: compra comida para la cena

Additional Listening Activity 4-5, p. 33

Jimena: biblioteca, piscina
Arturo: casa de Santiago, pizzería
Sra. Arce: restaurante, hospital
Sr. Arce: casa

Additional Listening Activity 4-6, p. 33

Pueden estudiar juntos de las cinco a las siete.

PRIMER PASO

Activity 6, p. 129

— Hola, Teresa, ¿qué tal?
— Bien, Carlos, ¿y tú?
— ¡Fantástico! Oye, ¿cómo va todo en el trabajo?
— Bien...
— ¿Está todavía Alejandro?
— Sí... Alejandro está allí todos los días. Trabaja mucho.
— ¿Y los otros?
— Bueno... Maite trabaja los fines de semana. Ramón no está aquí mucho; trabaja sólo cuando tiene tiempo los jueves.
— ¿Y Flora? ¿Todavia trabaja con ustedes?
— Sí... Flora siempre trabaja los lunes, y a veces los jueves.
— ¿Y qué pasa con Juan Luis?
— Ay, no sé. Juan Luis nunca está aquí. Qué lástima, ¿verdad?

Answers to Activity 6
1. D, Juan Luis, nunca
2. B, Maite, los fines de semana
3. A, Alejandro, todos los días
4. E, Flora, siempre los lunes, a veces los jueves
5. C, Ramón, sólo cuando tiene tiempo los jueves

SEGUNDO PASO

Activity 13, p. 132

GLORIA   Oye, Carlos, ¿qué les gusta a ti y a Eddie? ¿Les gusta practicar un deporte?
CARLOS   Bueno, a mí me gusta esquiar, pero a Eddie no.
GLORIA   ¿Les gusta bucear juntos?
CARLOS   Pues sí, nos gusta bucear juntos. Especialmente los fines de semana.
GLORIA   Eddie, ¿te gusta acampar con frecuencia?
EDDIE   A mí me gusta mucho. Pero a Carlos no le gusta.
GLORIA   Pero a ustedes les gusta pescar, ¿no?
CARLOS   ¿Pescar? No, no pescamos nunca.

Answers to Activity 13
1. a   2. c   3. b   4. d

Activity 18, p. 136

Ese Miguel es inteligente y es un chico bueno. ¡Pero no le gusta hacer cosas difíciles! Por la mañana toma el autobús al colegio porque montar en bicicleta es muy difícil. A las doce sólo bebe jugo porque preparar un sándwich es muy difícil. Por la tarde, después de clases, sólo quiere descansar. No quiere ni asistir a clases ni practicar deportes. No, señor, ¡jugar al fútbol es muy difícil! Y no le gusta leer. Sólo lee las tiras cómicas, porque son fáciles. Y eso sí, a veces escribe a su amigo Pepe en Nueva York. Pero sólo tarjetas postales, ¡porque escribir cartas es muy difícil!

Answers to Activity 18
a. Incorrecto; A Miguel no le gusta escribir cartas porque es difícil.
b. Correcto
c. Correcto

TERCER PASO

Activity 23, p. 139

1. Hoy es el veinticinco de diciembre.
2. Hoy es el veintiséis de abril.
3. Hoy es treinta y uno de octubre.
4. Hoy es el veintiséis de noviembre.
5. Hoy es el catorce de febrero.
6. Hoy es el cuatro de julio.

Answers to Activity 23
1. b   2. d   3. a   4. f   5. e   6. c

LETRA Y SONIDO, P. 141

For the scripts for Parts A, B, and D, see *Pupil's Edition*, page 141. The script for Part C is below.

C. Dictado

Voy al almacén hoy porque necesito una cámara nueva. Pero, ¿dónde está mi suéter? ¿Y el cinturón para mi falda? Ah, aquí están. ¿Tú quieres ir conmigo?

REPASO

Activity 1, p. 144

1. Hoy en Nueva York, hace mal tiempo. No hace mucho frío, pero está lloviendo muchísimo.
2. En Chicago hace mucho viento otra vez. No va a llover hoy, y la temperatura va a llegar a los setenta grados.
3. En Miami va a ser un día maravilloso. Hace buen tiempo. Hace sol y la temperatura es de ochenta grados. Un buen día para la playa.
4. Hace frío en las montañas de Colorado. La temperatura es de treinta y dos grados. Un día perfecto para esquiar.

Answers to Repaso Activity 1
1. c   2. d   3. a   4. b

Scripts for Additional Listening Activities

Additional Listening Activity 5-1, p. 39

ROQUE	Hola, Ana María. Otra vez gracias por la entrevista.
ANA MARÍA	De nada, hombre.
ROQUE	Bueno, para comenzar... cuéntanos un poco de cómo es tu colegio en España. ¿Con qué frecuencia vas al colegio?
ANA MARÍA	Voy al colegio de lunes a viernes, es decir, cinco días a la semana.
ROQUE	¿Y cuáles son algunas diferencias entre tu colegio en España y tu colegio aquí en los Estados Unidos?
ANA MARÍA	Aquí los estudiantes siempre van a clases en autobús o en coche. En Santiago, nunca tomamos un bus para ir a clases. Vamos a pie.
ROQUE	¿Y qué otras diferencias hay?
ANA MARÍA	Pues, en mi colegio siempre tenemos muchas clases... entre 8 y 9 materias típicamente. Aquí sólo tengo seis clases. Aquí en Estados Unidos, siempre hay muchísimos exámenes... prácticamente todas las semanas hay un examen en una de mis clases. ¡Es horrible! En mi colegio en España, siempre tenemos exámenes largos al fin del semestre, pero casi nunca tenemos exámenes así durante el semestre.
ROQUE	¿Y en España qué haces después de clases?
ANA MARÍA	En España, después de clases, siempre voy con mis amigas a un café para tomar algo y comer algo. Casi nunca voy a casa directamente. Después, muchas veces paseamos en el parque o vamos todos a casa de un amigo.
ROQUE	Bueno, Ana María, muchas gracias por la entrevista y que lo pases bien aquí en Miami.
ANA MARÍA	Muchas gracias a ti. Me encanta todo, de verdad.

Additional Listening Activity 5-2, p. 39

LUIS	Oye, Ana María, este viernes vamos al cine con Marta y Lola. ¿Quieres ir también?
ANA MARÍA	¿Marta y Lola? Mmmm... ¿quiénes son Marta y Lola?
LUIS	Son compañeras de la clase de biología, ¿no te acuerdas? Muchas veces estudio con ellas en la biblioteca.
ANA MARÍA	Ah, sí, claro.
LUIS	Y el sábado hay una fiesta en casa de Héctor, a las ocho.
ANA MARÍA	¿Héctor juega al voleibol?
LUIS	No, Héctor practica artes marciales. ¿Sabes? Es el presidente del Club de karate del colegio.
ANA MARÍA	Claro, por supuesto. Pero si Héctor es el chico que practica karate, entonces... ¿quién juega al voleibol?
LUIS	Creo que Miguel. Juega al voleibol en la playa todos los fines de semana. Es un jugador excelente.
ANA MARÍA	Ah, sí... ahora recuerdo... sí. Se llama Miguel.
LUIS	Y el domingo, si quieres, vamos a estudiar para el examen de literatura en casa de Sara.
ANA MARÍA	¿Quién es Sara?
LUIS	Ay, Ana María... Sara es la presidenta del Club de drama. Es una actriz buenísima.
ANA MARÍA	¿Es una chica morena y delgada?
LUIS	Sí, es Sara. Bueno, Ana María... ya conoces a todos los estudiantes. ¡Ahora necesitas memorizar y practicar todos los nombres!
ANA MARÍA	Sí, necesito practicar mucho.

Additional Listening Activity 5-3, p. 40

RAMÓN	¿Qué hacemos mis amigos y yo en los ratos libres? Bueno, depende de la persona. A mis amigos Juan Carlos y Gabriela les gusta asistir a conciertos. Esta noche van a un concierto en el centro. A mí me gusta leer el periódico. Me gustan mucho las tiras

124 Listening Activities

¡Ven conmigo! Level 1, Chapter 5

HRW material copyrighted under notice appearing earlier in this work.

cómicas y la sección de deportes. Mi amiga Sandra escribe artículos para el periódico del colegio. Ella quiere ser reportera en el futuro. A mis amigos Guillermo y Norma les gusta correr. Todos los días corren diez millas en la playa. ¡Diez millas! Increíble, ¿no? A mi amigo Pedro también le gustan los deportes, especialmente el basquetbol. Él asiste a todos los partidos de basquetbol de nuestro colegio. A mi amiga Cristina le gusta hacer ejercicio.

Additional Listening Activity 5-4, p. 40

TERESA Hola, a todos. Me llamo Teresa y les quiero explicar qué hago los sábados. ¿Cómo es un sábado normal para mí? Bueno... por la mañana, voy a la piscina con el resto del equipo de natación. Nadamos desde las ocho hasta las diez de la mañana. Regreso a casa y desayuno a las diez y media con mi familia. Siempre desayuno mucho: cereal, pan tostado, fruta, yogurt, jugo... ¡Qué rico! Por la tarde voy al trabajo. Todos los sábados trabajo en una clínica veterinaria. Siempre hay mucho que hacer en la clínica. Cuando regreso a casa, ayudo a preparar la cena. Después de cenar, a las ocho más o menos, mis amigos y yo vemos un video en casa, o vamos al cine.

Additional Listening Activity 5-5, p. 41

ELENA ¿Hola?
JAIME Hola, ¿eres tú, Elena? Habla Jaime.
ELENA Jaime, ¿qué tal?
JAIME Muy bien. ¿Y tú? ¿Cómo estás?
ELENA Bien, gracias. ¿Qué hay de nuevo?
JAIME Oye, ya sabes que hay muchas actividades esta semana y quiero saber si quieres ir a algunas conmigo. Por ejemplo, el lunes, el día once hay un concierto a las nueve. El miércoles, el día trece, hay una reunión del Club de español. Necesitas asistir a esa reunión porque vamos a tener elecciones para el presidente y el secretario.
ELENA De acuerdo. ¿A qué hora es la reunión?
JAIME A las cuatro de la tarde. Y el partido de basquetbol entre nuestro colegio y el Colegio Central es el domingo, el diecisiete. Ya sé que a ti te gustan los partidos de basquetbol.
ELENA ¿A qué hora es el partido? Generalmente visitamos a mis abuelos los domingos.
JAIME A las siete y media.
ELENA Ah, bueno, está bien. Sí, vamos juntos.
JAIME Y lo mejor de todo, el viernes, el quince, el mejor baile del año. ¡Va a ser increíble, con una banda musical y comida riquísima y todo! Es a las ocho y tienes que asistir.
ELENA Bueno, necesito hablar con mis padres. Quiero ir a todo.
JAIME Habla con tus padres, y después hablamos. Hasta luego.
ELENA Hasta luego, Jaime.

Additional Listening Activity 5-6, p. 41

LOCUTOR Muy buenas tardes, señoras y señores. Les habla Radio Onda Latina, la voz de la comunidad latina, desde el corazón de Miami. Hoy es viernes, el 9 de diciembre, y son las tres de la tarde. Les traigo el boletín meteorológico para hoy. Aquí en Miami hace mucho calor. Es un buen día para ir a la playa. En la ciudad de San Antonio, en el sur de Tejas, está lloviendo a cántaros. En Los Ángeles, hay un viento fuerte del Pacífico. En Denver, Colorado, está nevando—la tercera tormenta del año. En Boston hace sol. Y aquí termina el boletín meteorológico para las tres, señoras y señores. Que pasen Uds. buen fin de semana. Y ahora volvemos a nuestro programa musical para esta tarde.

Answers to Additional Listening Activities

Additional Listening Activity 5-1, p. 39

1. a
2. b
3. b
4. a
5. b

Additional Listening Activity 5-2, p. 39

1. c   3. e
2. d   4. a

Additional Listening Activity 5-3, p. 40

1. Juan Carlos y Gabriela: **asistir a conciertos**
2. Ramón: **leer el periódico**
3. Sandra: **escribir artículos**
4. Guillermo y Norma: **correr por la playa**
5. Pedro: **asistir a partidos de basquetbol del colegio**
6. Cristina: **hacer ejercicio**

Additional Listening Activity 5-4, p. 40

a. 4
b. 1
c. 3
d. 2

Additional Listening Activity 5-5, p. 41

lunes 11: concierto, 9:00 P.M.
miércoles 13: reunión del Club de español, 4:00 P.M.
viernes 15: baile, 8:00 P.M.
domingo 17: partido de basquetbol, 7:30 P.M.

Additional Listening Activity 5-6, p. 41

1. b
2. c
3. d
4. e
5. a

PRIMER PASO

Activity 6, p. 153

1. Es una familia bastante grande. Hay nueve personas en total.
2. La familia es muy simpática. Tiene un perro muy travieso.
3. Los abuelos son de España. ¡Imagínate!
4. Es una familia muy unida. El padrastro es muy cariñoso con los hijos.
5. Los muchachos se ven muy guapos. El gato también.

Answers to Activity 6
1. b   2. d   3. ninguna foto   4. c   5. a

SEGUNDO PASO

Activity 15, p. 158

1. Alma tiene veintidós años y tiene el pelo blanco.
2. Guillermo es pelirrojo. Tiene los ojos negros.
3. Olivia tiene el pelo rubio y tiene ojos azules.
4. Adolfo tiene ochenta y cinco años. Tiene el pelo negro.
5. Liliana tiene los ojos blancos y el pelo verde.
6. Anselmo tiene pelo rubio y ojos de color café.

Answers to Activity 15

1. improbable	4. improbable
2. improbable	5. improbable
3. probable	6. probable

Activity 16, p. 159

1. Es pelirrojo, tiene ojos azules y es muy alto.
2. Es muy simpática y guapa. Tiene pelo negro y ojos de color café.
3. Ella es baja, tiene pelo rubio y ojos verdes. Él es alto y tiene ojos verdes, también.
4. Es una persona muy especial. Es muy cariñosa conmigo. Tiene cincuenta años, pero se ve joven.
5. Son muy cómicos cuando están juntos. Uno de ellos es delgado y el otro es un poco gordo. Son muy traviesos.

Answers to Activity 16

1. David	4. Maki
2. Rebeca	5. Simón y Quique
3. Gabriel y Conchita	

The person she knows especially well is Maki.

Activity 21, p. 160

1. Durante el verano mi familia y yo hacemos un viaje. Casi siempre visitamos a nuestros primos. Ellos viven en Colorado.
2. Salgo con frecuencia con mis amigos. A veces vamos a la playa.
3. Soy muy atlética. Hago ejercicio por la mañana con mis amigos. A veces los sábados corro con ellos en el parque.
4. Mi familia y yo salimos a comer juntos todos los viernes. Nos gusta hablar sobre nuestras actividades, las clases y el trabajo.

LISTENING ACTIVITIES · SCRIPTS & ANSWERS

TERCER PASO

Activity 28, p. 164

Mi tía es divorciada y vive con nosotros. Ella dice que mi mamá trabaja demasiado. Mi mamá sale de la casa a las siete de la mañana y regresa a las nueve de la noche. Debe descansar más, ¿verdad? Mi hermana es muy inteligente. Estudia ciencias y siempre está en la biblioteca con sus libros. Debe salir con amigos a veces. ¿Y yo? Pues, soy bastante perezosa. Toco la guitarra pero toco muy mal. Claro, debo practicar más.

Answers to Activity 28
1. c   2. a   3. b   4. not pictured

LETRA Y SONIDO, P. 167

For the scripts for Parts A and C, see *Pupil's Edition,* page 167. The script for Part B is below.

B. Dictado

Rafael Ramírez es rubio y tiene ojos verdes. Él corre muy rápido en sus zapatos rojos de rayas.

REPASO

Activity 1, p. 170

Roberto, ésta es mi familia. Ésta es mi madre. Ella es inteligente y muy cariñosa. Lee muchas novelas. Y éste es mi padre. Él es muy alto, ¿verdad? También es muy cómico. Es artista y trabaja en un museo. Debe trabajar menos. Ésta es mi hermana. Ella es muy lista, pero debe estudiar más. Trabaja mucho en el jardín. Éste es mi tío Miguel. Es joven, tiene veinte años. A él le gusta tocar la guitarra día y noche. Éste es nuestro perro. Es muy travieso. También es un poco gordo porque come demasiado. Y finalmente éste soy yo. Yo soy muy simpático porque siempre limpio mi cuarto.

Answers to Repaso Activity 1
1. el perro
2. el padre
3. la madre
4. Marcos
5. el tío Miguel
6. la hermana

Additional Listening Activity 6-1, p. 47

SUSANA ¡Hola! Me llamo Susana Pérez. Tengo catorce años. Voy a describirles a mi familia. Primero, tengo dos hermanos. Mi hermano menor se llama Cristián y tiene doce años. Mi hermana mayor se llama Lucía y tiene quince años. Mis padres se llaman Jorge y Consuelo. Mi padre tiene cuarenta años. Mi mamá tiene treinta y siete años. Mi abuelo se llama Alberto y tiene setenta y seis años. Rosa, mi abuelita, tiene setenta y dos años. Mi tío Antonio es el hermano menor de mi mamá. Tiene treinta y cinco años. Su esposa, mi tía Ana, tiene treinta y seis años. Mis dos primos, Carmen y Alfonso, son muy simpáticos y divertidos y me gusta estar con ellos. Ella tiene catorce años y mi primo Alfonso tiene dieciséis años.

Additional Listening Activity 6-2, p. 47

LUISA Tengo una familia bastante grande, pero unida. Somos seis en casa. Tengo tres hermanos mayores, Ramón, Adán y César. Hacemos mucho juntos. Una de mis cosas favoritas es visitar a mis abuelos. Viven muy cerca de nosotros y tienen dos gatos. Cada domingo vamos a su casa para pasar el día. Mi abuela siempre nos prepara una cena riquísima.

Additional Listening Activity 6-3, p. 48

PEDRO Pues, ¿qué hacemos nosotros los fines de semana? Eh... muchas cosas, claro, pero casi siempre vamos los domingos a un restaurante para cenar. A mi mamá le gusta salir a cenar. Y tú, Alicia, ¿qué hacen ustedes juntos los fines de semana?

ALICIA A nosotros nos gusta salir de la casa a pasar el día en el parque. Es muy divertido jugar al fútbol afuera con mis hermanos.

ESTEBAN Como ustedes ya saben, a mí me encanta nadar. Lo bueno es que mis tíos viven muy cerca de la playa y los visitamos cada fin de semana y lo pasamos muy bien con ellos.

PAULA Pues tengo que decirles que no hacemos nada los fines de semana. Después de pasar una semana tan ocupada, no queremos salir. Por eso, nos quedamos en casa y miramos la televisión juntos.

Additional Listening Activity 6-4, p. 48

SUSANA Oye, Alfonso, ¿tú quieres saber a quién quiero más en mi familia? Hazme preguntas y a ver si adivinas.

ALFONSO ¿Es hombre o mujer?

SUSANA Hombre.

ALFONSO ¿Cómo es?

SUSANA Es alto y cariñoso.

ALFONSO ¿De qué color son los ojos de él?

SUSANA Los ojos de él son de color café.

ALFONSO ¿De qué color tiene el pelo?

SUSANA Lo tiene negro con unas canas, pero se ve joven. Además, usa lentes. ¿Quién es?

ALFONSO A ver, ahora tú Susana, ¿quieres saber a quién quiero más en mi familia?

SUSANA Déjame pensar... ¿Es hombre o mujer?

ALFONSO Mujer.

SUSANA ¿Cómo es?

ALFONSO Ella es rubia y muy traviesa.

SUSANA ¿De qué color son los ojos de ella? ¿Es joven o mayor?

ALFONSO Los ojos de ella son negros y ella es muy joven.

SUSANA ¿Usa lentes?

ALFONSO No. ¿Quién es?

Additional Listening Activity 6-5, p. 49

NARRADOR   Hoy es día de fiesta en casa de los Acosta. Esta noche la familia celebra el
            cumpleaños de la Sra. Acosta. Pero antes de la fiesta, doña Rebeca, la abuela, está en
            la cocina. Prepara la comida: empanadas, puerco asado, frijoles negros con arroz a la
            cubana—¡qué rico! El Sr. Acosta está afuera. Lava el carro de su esposa. En el come-
            dor, Anita, la hija menor de los Acosta, pone la mesa. Tomás, el hijo mayor de los
            Acosta, está en la sala. Pasa la aspiradora. Todo tiene que estar muy limpio porque
            van a venir muchos invitados.

Additional Listening Activity 6-6, p. 49

TÍO RICARDO   Queridos sobrinos. Sus padres van a salir todos los días y yo trabajo hasta muy
            tarde. Uds. deben ayudarnos más en los quehaceres de la casa. Tú, Fernando, debes
            lavar los platos todos los días y tú, Ana, debes poner la mesa antes de que lleguen
            tus padres para la cena. Tú, Luisa, debes pasar la aspiradora y Gloria debe hacer las
            camas. Leticia debe limpiar los cuartos y tú, Simón, debes lavar el carro. Tu amigo
            Antonio puede ayudarte. Gabriela debe cuidar a su hermanito Pepe en las tardes y
            Javier debe trabajar en el jardín para mantenerlo limpio. ¡No hay nada más bonito
            que una familia unida!, ¿verdad?

Answers to Additional Listening Activities

Additional Listening Activity 6-1, p. 47

Los abuelos: Alberto, 76 años; Rosa, 72 años
Los padres: Jorge, 40 años; Consuelo, 37 años
Los tíos: Antonio, 35 años; Ana, 36 años
Los hermanos: Cristián, 12 años; Lucía, 15 años
Los primos: Carmen, 14 años; Alfonso, 16 años

Additional Listening Activity 6-2, p. 47

1. a
2. b
3. a
4. a

Additional Listening Activity 6-3, p. 48

1. Pedro: No matching picture.
2. Alicia: c
3. Esteban: a
4. Paula: b

Additional Listening Activity 6-4, p. 48

Susana: Tío Jorge
Alfonso: Teresa

Additional Listening Activity 6-5, p. 49

1. Doña Rebeca: prepara la comida
2. Sr. Acosta: lava el carro
3. Anita: pone la mesa
4. Tomás: pasa la aspiradora

Additional Listening Activity 6-6, p. 49

lavar los platos: Fernando
poner la mesa: Ana
hacer la cama: Gloria
limpiar el cuarto: Leticia
pasar la aspiradora: Luisa
lavar el carro: Simón
cuidar al hermanito: Gabriela
trabajar en el jardín: Javier

PRIMER PASO

Activity 6, p. 183

1. — Aló.
   — Buenas tardes, señorita. ¿Está Miguel, por favor?
   — Sí, un momento. ¿De parte de quién?
   — De parte de Roberto.
2. — Bueno, Silvia. Ya es tarde y necesito estudiar para el examen.
   — Está bien. Hasta mañana, ¿eh?
   — Sí, hasta mañana, Silvia. Chao.
3. — Bueno, Casa García a sus órdenes.
   — Buenos días. ¿Está el señor Alejandro García, por favor?
   — Lo siento mucho, pero el señor no está. ¿Quién habla?
   — Soy Pedro Castillo.

4. — Aló. Colegio La Salle.
   — Buenos días, señorita. ¿Está el señor Medina, por favor?
   — Un momento, por favor. ¿Quién habla?
   — Soy la doctora Isabel Martínez.
   — Lo siento pero la línea está ocupada.
   — Gracias.
5. — Bueno.
   — Buenas noches, señora. ¿Está María en casa?
   — ¿Eres tú, Alicia?
   — Sí, señora. ¿Cómo está usted?
   — Bien, gracias, pero María no está en casa.
   — Bueno, señora, llamo más tarde.
   — Adiós.

Answers to Activity 6
1. greeting someone
2. saying goodbye
3. unable to reach the person
4. unable to reach the person
5. greeting someone and unable to reach the person

Activity 9, p. 184

1. ¿Quieres jugar al tenis esta tarde?
2. ¿Quieres ir a cenar esta noche?
3. ¿Te gustaría ir al centro conmigo?
4. ¿Te gustaría estudiar con nosotras?
5. ¿Prefieres ir a la piscina el sábado?
6. ¿Prefieres la comida mexicana o la comida china?
7. ¿Te gustaría ir al cine conmigo esta tarde?

Answers to Activity 9
1. sí   2. no   3. sí   4. sí   5. no   6. sí   7. sí

Activity 12, p. 186

MÓNICA   Oye, Carlos, ¿quieres hacer algo?
CARLOS   Claro que sí, Mónica.
MÓNICA   ¿Qué prefieres hacer — ir al circo o ir al parque de atracciones?
CARLOS   Eh... no sé. Quiero ver la exhibición en el museo de antropología. ¿Quieres ir conmigo?
MÓNICA   Ay, Carlos, no me gustan los museos. Tengo otra idea. Hace buen tiempo hoy, ¿verdad? ¿Te gustaría ir al lago o al campo?
CARLOS   Prefiero ir al lago porque me gusta nadar.
MÓNICA   A mí también. Entonces, vamos a las diez y media, ¿no?

Answer to Activity 12
Deciden ir al lago.

SEGUNDO PASO

Activity 19, p. 190

1.   MAMÁ   Manuel, aquí viene el autobús.
     MANUEL   ¡Ay, no! Mamá, todavía necesito lavarme los dientes.

	MAMÁ	Pues, ¡apúrate, hijo!
2.	MAMÁ	Gabi, ya son las ocho. Vas con tu novio a la fiesta de cumpleaños de Miguel a las ocho y media, ¿no? ¿Estás lista?
	GABI	No, mamá. Estoy un poco atrasada. Necesito maquillarme.
3.	MAMÁ	Armando, ¿estás listo para ir al circo con tus primos?
	ARMANDO	Sí...
	MAMÁ	Pero hijo, tu pelo es un desastre.
	ARMANDO	Ah, tienes razón, Mamá. Necesito peinarme.
4.	MAMÁ	¿Estás listo, querido? Tenemos que estar en el teatro en media hora.
	PAPA	Lo siento, mi amor. Todavía necesito afeitarme.
	MAMÁ	Está bien, pero apúrate, por favor.
5.	MAMÁ	Berta, hoy es la boda de tu amiga Verónica, ¿verdad?
	BERTA	Sí, mamá. A las tres. Hombre, son las dos y todavía necesito ducharme.

Answers to Activity 19
1. d   2. e   3. a   4. c   5. b

TERCER PASO

Activity 24, p. 193

1. — Hola, Miguel. ¿Te gustaría ir con nosotros al partido de fútbol esta noche?
   — Lo siento, pero tengo que estudiar.
2. — Hola, Gabriela. Este fin de semana vamos al lago. ¿Te gustaría ir con nosotros?
   — ¡Qué lástima! Ya tengo planes para este fin de semana.
3. — Oye, Roberto, ¿te gustaría cenar con nosotros esta noche?
   — ¿Esta noche? Ay, tengo una cita esta noche.
4. — Mariana, ¿te gustaría tomar un refresco esta tarde?
   — Estoy un poco cansada. Tal vez otro día, ¿eh?

Answers to Activity 24
1. c   2. d   3. a   4. b

LETRA Y SONIDO, P. 195

For the scripts for Parts A and C, see *Pupil's Edition*, page 195. The script for Part B is below.

B. Dictado, p. 195

¡Qué lástima! Lupita y Yolanda quieren ir al lago el lunes, pero ya tengo planes con Lorena. Yo no voy allí con ellas.

REPASO

Activity 1, p. 198

1. — ¿Te gustaría ir al cine esta noche?
   — Lo siento, pero estoy un poco enferma. Tengo que descansar.
2. — ¿Te gustaría ir al museo el sábado?
   — Me gustaría, pero ya tengo planes. Pienso ir al parque de atracciones.
3. — ¿Quieres ir a caminar por la plaza?
   — Me gustaría, pero necesito ducharme. Tal vez en dos horas.
4. — ¿Quieres ir al partido de fútbol el domingo?
   — Sí, me gustaría. ¿A qué hora es?

Answers to Repaso Activity 1
1. b   2. b   3. a   4. a

Additional Listening Activity 7-1, p. 55

1. ¿Diga?
2. Lo siento, no está.
3. ¿Quién habla?
4. ¿Quieres dejar un recado?
5. La línea está ocupada.
6. Bueno.
7. ¿De parte de quién, por favor?

Additional Listening Activity 7-2, p. 55

TÍA ISABEL	Hola, todos. Habla tía Isabel. Este recado es para todos. Escuchen, quiero organizar una fiesta de sorpresa para abuela. Me gustaría hacer la fiesta este sábado. Por favor, llámenme más tarde en casa, al cuatro, cincuenta y uno, cincuenta y seis, treinta y tres. Es urgente. Hasta luego.
GONZALO	Este... hola, muy buenas. Habla Gonzalo Rayas y este recado es para Sonia. Sonia, no me conoces muy bien, pero estoy en tu clase de química. Soy el chico bajo y moreno. Este... bueno, ¿te gustaría ir conmigo al baile este viernes? Te llamo más tarde. Hasta luego.
TERESA	Hola, buenas tardes. Habla Teresa y este recado es para Verónica. Oye, Verónica, por favor, ¿puedes ayudarme a estudiar esta noche para el examen de inglés? Necesito tu ayuda. Por favor, llámame al cuatro, cincuenta y nueve, treinta y cuatro, cuarenta y cinco. ¡Es urgente! Gracias, chica.

Additional Listening Activity 7-3, p. 56

1.	PEPE	Marisa, ¿qué vas a hacer esta noche?
	MARISA	Voy a salir con mis primos. Vamos a un concierto.
2.	PEPE	Héctor, ¿qué planes tienes el sábado por la tarde?
	HÉCTOR	Voy a ir al lago con mi amigo Martín. Vamos a nadar.
3.	PEPE	Anita, ¿qué planes tienes para el domingo por la noche?
	ANITA	¡Tengo que acompañar a mi hermanito al circo! ¡El circo! ¡Qué aburrido!
4.	PEPE	Sergio, ¿qué haces mañana por la mañana?
	SERGIO	Bueno, pienso ir al campo con mi hermano mayor.
5.	PEPE	Lupe, ¿qué vas a hacer el domingo por la tarde?
	LUPE	Bueno, voy a la casa de mis tíos. Hay una fiesta para celebrar su aniversario de bodas.

Additional Listening Activity 7-4, p. 56

1.	ANA	¿Estás listo, Joaquín?
	JOAQUÍN	Todavía no. Necesito afeitarme.
	ANA	Joaquín, sólo tienes trece años. No eres como papá. No vas a tener que afeitarte por mucho tiempo todavía.
	JOAQUÍN	No es cierto. ¡Necesito afeitarme por lo menos una vez a la semana!
	ANA	Bueno, date prisa. La película empieza a las ocho.
2.	GERALDO	¿Aurelia? Aurelia, ¿dónde estás?
	AURELIA	Perdón. No estoy lista todavía.
	GERALDO	Pero, cariño... el concierto empieza a las ocho y media y ya son las ocho y diez.
	AURELIA	No te preocupes. Sólo necesito maquillarme.
	GERALDO	Pero para maquillarte necesitas por lo menos media hora...

3.   LUISA   ¿Carlos? ¿Qué haces? Los invitados van a llegar dentro de poco.
      CARLOS   Estoy casi listo, sólo necesito peinarme.
      LUISA   Muy bien, pues. Tenemos mucho que hacer.
4.   MAMÁ   Víctor, nos vamos ahora mismo. Tu cita con el dentista es a las cinco en punto.
      VÍCTOR   Ya voy, mamá.
      MAMÁ   Oye, Víctor, tienes que lavarte bien los dientes antes, ¿eh?
      VÍCTOR   Sí, sí, mamá. Voy a lavármelos ahora.

Additional Listening Activity 7-5, p. 57

1.   MARCOS   Hola, Elisa, ¿eres tú? Soy yo, Marcos.
      ELISA   Marcos, ¿cómo estás?
      MARCOS   Bien, gracias. Sólo quería saber si vas al picnic del club.
      ELISA   Ah, sí, el picnic... ¿Cuándo es?
      MARCOS   Mañana, a la una.
      ELISA   Ay, Marcos, perdóname, pero no puedo ir. Mañana tengo que ir a la boda de mi prima Susana.
      MARCOS   ¡Ay, qué lástima!
      ELISA   Sí, lo sé. Que lo pasen muy bien.
      MARCOS   Hasta luego.

2.   SR. SOTO   ¿Diga?
      MARCOS   Hola. ¿Está Cristóbal, por favor?
      SR. SOTO   ¿Quién habla?
      MARCOS   Soy yo, Marcos. ¿Cómo está, Sr. Soto?
      SR. SOTO   Ah, Marcos. Bien, gracias. Sí, Cristóbal está. Espera un momento.
      CRISTÓBAL   ¿Marcos?
      MARCOS   Hola, Cristóbal. Oye, ¿vas al picnic mañana?
      CRISTÓBAL   Sí, claro. Es a la una, ¿verdad?
      MARCOS   Sí, en el parque.
      CRISTÓBAL   Bueno, nos vemos allí. Hasta mañana.

3.   MARISOL   ¿Diga?
      MARCOS   Hola, ¿Marisol? Habla Marcos.
      MARISOL   Marcos, ¿qué tal?
      MARCOS   Muy bien, gracias. Oye, Marisol... vas a nuestro picnic mañana, ¿verdad?
      MARISOL   Bueno, depende. Me gustaría ir, pero mi prima Rosaura está aquí de visita. No quiero dejarla sola en casa.
      MARCOS   No te preocupes. Si ella quiere, puede venir también. Tenemos mucha comida.
      MARISOL   Ah, perfecto. Entonces, sí vamos las dos.
      MARCOS   Muy bien. Hasta mañana.

4.   CÉSAR   ¿Hola?
      MARCOS   César, ¿eres tú? Soy Marcos.
      CÉSAR   Hola, hombre. ¿Qué hay?
      MARCOS   Nada... sólo quiero recordarte que mañana es el picnic del club.
      CÉSAR   ¿Es mañana? ¿No es el domingo?
      MARCOS   No, no. Es mañana a la una. ¿Por qué?
      CÉSAR   Marcos, lo siento mucho, pero no puedo ir al picnic ahora. Tengo planes para el sábado. Voy con mis padres al campo a visitar a mis abuelos.
      MARCOS   Qué lástima. Bueno, hasta el lunes.

Additional Listening Activity 7-6, p. 57

1. ¿Te gustaría ir conmigo al teatro mañana? Vamos a la ópera.
2. ¿Tienes ganas de venir a mi casa? Vamos a jugar a las cartas.
3. Oye, ¿quieres ir a tomar un helado ahora?
4. Oye, Fernando y yo vamos a hacer un viaje al campo mañana. ¿Te gustaría venir?
5. Esta noche vamos al cine para ver esa película nueva. ¿Quieres ir?
6. ¿Tienes ganas de ir conmigo a cenar en ese restaurante chino nuevo?

Answers to Additional Listening Activities

Additional Listening Activity 7-1, p. 55

1. a   4. a
2. b   5. b
3. b   6. a
            7. a

Additional Listening Activity 7-2, p. 55

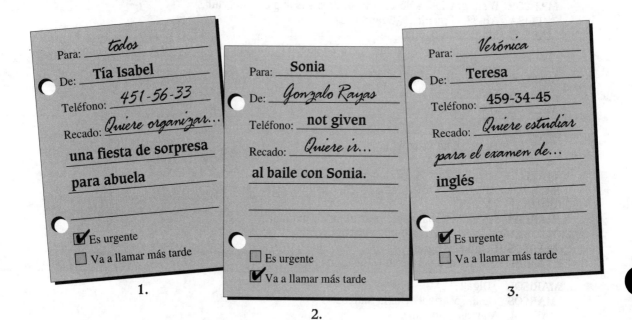

Card 1:
Para: *todos*
De: **Tía Isabel**
Teléfono: *451-56-33*
Recado: *Quiere organizar...* **una fiesta de sorpresa para abuela**
☑ Es urgente
☐ Va a llamar más tarde

1.

Card 2:
Para: **Sonia**
De: *Gonzalo Rayas*
Teléfono: **not given**
Recado: *Quiere ir...* **al baile con Sonia.**
☐ Es urgente
☑ Va a llamar más tarde

2.

Card 3:
Para: *Verónica*
De: **Teresa**
Teléfono: **459-34-45**
Recado: *Quiere estudiar para el examen de...* **inglés**
☑ Es urgente
☐ Va a llamar más tarde

3.

Additional Listening Activity 7-3, p. 56

1. Marisa: va al concierto con sus primos
2. Héctor: va al lago con su amigo Martín
3. Anita: va al circo con su hermanito
4. Sergio: va al campo con su hermano mayor
5. Lupe: va a la fiesta de aniversario de sus tíos

Additional Listening Activity 7-4, p. 56

1. b   2. a   3. b   4. a

Additional Listening Activity 7-5, p. 57

Elisa: no; tiene que ir a una boda
Cristóbal: sí
Marisol: sí
César: no; tiene que visitar a sus abuelos

Additional Listening Activity 7-6, p. 57

1. a   2. a   3. b   4. a   5. b   6. b

PRIMER PASO

Activity 6, p. 208

MARCELA	¿Te gustan los huevos?
ROBERTO	Sí, me encantan los huevos revueltos con tocino.
MARCELA	A mí me encanta el pan dulce. ¿Y a ti?
ROBERTO	No, no me gusta para nada.
MARCELA	Bueno... a ver... ¿tomas café?
ROBERTO	Uy, no me gusta el café para nada. Es horrible.
MARCELA	Entonces, ¿qué prefieres tomar, jugo de naranja o leche?
ROBERTO	Prefiero tomar leche.
MARCELA	A mí me gusta más el jugo de naranja. Me encantan las frutas.
ROBERTO	A mí también. Especialmente los plátanos.

Answers to Activity 6
A Roberto le gustan los huevos revueltos con tocino, la leche y las frutas, especialmente los plátanos. A Marcela le gustan el pan dulce, el jugo de naranja y las frutas.

Activity 12, p. 210

ADELA	Pablo, quiero saber cómo son las comidas en los Estados Unidos. En general, ¿a qué hora desayunas?
PABLO	Bueno, en general desayunamos a las siete de la mañana.
ADELA	¿Y qué hay para el desayuno?
PABLO	Hay de todo. Muchas veces hay huevos, pan tostado, jugo de fruta y café.
ADELA	¿Y a qué hora almuerzan ustedes?
PABLO	Durante la semana, almorzamos a las doce.
ADELA	¿Y qué hay para el almuerzo?
PABLO	A veces hay sopa, sándwiches y leche.

Answers to Activity 12
el desayuno: a las siete de la mañana; come huevos, pan tostado, jugo de fruta y café
el almuerzo: a las doce; toma sopa, sándwiches y leche

SEGUNDO PASO

Activity 16, p. 212

1. Este pescado está muy rico. ¡Me encanta!
2. Esta sopa no me gusta. Está fría.
3. ¿Qué tal la ensalada? ¡Está deliciosa!, ¿no?
4. Esta carne está muy picante. ¡Necesito agua!
5. La sopa está muy salada. ¡Qué horrible!
6. La ensalada de frutas no está muy buena hoy.

Answers to Activity 16
1. pescado: sí
2. sopa: no
3. ensalada: sí
4. carne: no
5. sopa: no
6. ensalada de frutas: no

Activity 21, p. 213

DIEGO	¿Tienes hambre, Isabel?
ISABEL	No, Diego, no tengo mucha hambre, pero tengo sed.
DIEGO	¿Por qué no tomas una limonada?
ISABEL	Buena idea. Me encanta la limonada.
DIEGO	Estela, ¿qué quieres almorzar? ¿Tienes hambre?
ESTELA	Sí, sí, pero me gustaría desayunar. ¿Qué hay para el desayuno?
DIEGO	Sólo hay jugo de manzana y pan tostado. Yo voy a comer la sopa de legumbres. ¡Me encanta la sopa aquí! Y Rafael, ¿qué vas a almorzar tú?
RAFAEL	Nada. No tengo mucha hambre.

Answers to Activity 21
1. Estela
2. Isabel
3. Rafael e Isabel
4. Diego
5. jugo de manzana y pan tostado

TERCER PASO

Activity 28, p. 217

1. — Voy a pedir una sopa de pollo, pescado, verduras y una ensalada, por favor.
   — Muy bien, señorita.
2. — ¿Me trae fruta, café y pan tostado, por favor?
   — Sí, con mucho gusto.
3. — ¿Nos trae café y un pastel, por favor?
   — Claro que sí, señora.
4. — No tengo mucha hambre. Voy a pedir una sopa de pollo, pan y un refresco, nada más.
   — Gracias, señor.
5. — Um, son las dos y media. Tengo mucha hambre. ¿Me trae la sopa de tomate, el bistec, papas fritas, zanahorias, una ensalada, pan y el postre, por favor? Y café más tarde. Gracias.
   — Muy bien, señor.
6. — ¿Nos trae huevos revueltos con jamón, pan tostado, jugo de naranja y café, por favor?
   — Claro que sí.
7. — Voy a pedir una ensalada, arroz con pollo, postre y café.
   — Muy bien, señora.
8. — ¿Tiene pasteles, señor? ¿Me trae uno de chocolate? Y para mi amiga, uno de vainilla, por favor.
   — Gracias, señoritas.

Answers to Activity 28

1. lunch or dinner
2. breakfast
3. dessert
4. dinner or lunch
5. lunch
6. breakfast
7. dinner or lunch
8. dessert

Activity 32, p. 219

1. catorce mil sucres
2. diecisiete mil quinientos sucres
3. ocho mil sucres
4. once mil quinientos sucres
5. ocho mil ochocientos sucres
6. diecisiete mil setecientos cincuenta sucres

Answers to Activity 32

1. sancocho
2. ceviche de camarón
3. helado de naranjilla
4. ensalada mixta
5. canoa de frutas
6. pollo al ajillo

LETRA Y SONIDO, P. 221

For the scripts for Parts A and C, see *Pupil's Edition*, page 221. The script for Part B is below.

B. Dictado

Para este pastel de chocolate, necesito harina, azúcar y huevos. También quiero poner coco y dos cucharadas de cacao.

REPASO

Activity 1, p. 224

No me gusta para nada el pescado, pero el pollo sí, me gusta mucho. Los frijoles no me gustan porque son muy salados. Me encantan las legumbres, pero la carne no me gusta mucho. Para el desayuno los huevos revueltos con queso son muy ricos.

Answers to Repaso Activity 1

Ángel likes:
el pollo
las legumbres
los huevos revueltos con queso

Ángel doesn't like:
el pescado
frijoles
la carne

Additional Listening Activity 8-1, p. 63

MARTA   Hola. Me llamo Marta. Por lo general tomo un vaso de jugo de naranja y como un poco de pan tostado con jalea.

PEDRO   Me llamo Pedro. No me gustan los desayunos fuertes. Para el desayuno, tomo un vaso de leche y preparo una ensalada de frutas con uvas y plátanos.

SUSANA   Me llamo Susana. Por las mañanas no como mucho. Sólo un poco de cereal.

RAMÓN   Hola. Soy Ramón. En mi casa siempre desayunamos mucho. Generalmente, como dos huevos fritos con tocino y pan dulce. ¡El desayuno es delicioso!

Additional Listening Activity 8-2, p. 63

LAURA   Antonia, ¿qué quieres para el almuerzo hoy?
ANTONIA   Mmm... quiero una sopa de legumbres, por favor.
LAURA   ¿Eso es todo?
ANTONIA   No... también quiero una ensalada de lechuga y tomate. Y de tomar, un vaso de leche.
LAURA   Perfecto.

LAURA   Lucía, ¿qué quieres para el almuerzo?
LUCÍA   A ver... pues, tengo ganas de comer uno... no, dos... dos perros calientes. Y unas papitas también, por favor.
LAURA   Bueno. ¿Qué quieres para tomar?
LUCÍA   Una limonada grande.
LAURA   Muy bien.

LAURA   Oye, Carlos, ¿qué quieres para el almuerzo?
CARLOS   Pues, un sándwich de jamón y queso. Y también una ensalada de frutas, por favor.
LAURA   ¿Quieres algo de tomar?
CARLOS   Sí, un café grande, por favor.

LAURA   Sra. Mercado, perdone que la interrumpa. Voy al café a comprar el almuerzo. ¿Quiere usted algo?
SRA. MERCADO   Sí, déjame pensar... pues, tráeme una sopa de pollo, por favor.
LAURA   ¿No quiere nada más?
SRA. MERCADO   No, sólo la sopa, gracias. No tengo mucha hambre. Y de tomar, quisiera un té frío, por favor.
LAURA   Muy bien.
SRA. MERCADO   Gracias, Laura.
LAURA   De nada.

Additional Listening Activity 8-3, p. 64

ANITA   Rafa, ¿cómo está la sopa?
RAFA   ¡Uy! Está horrible. Está salada y fría.

GUILLERMO   Mónica, ¿cómo están las enchiladas?
MÓNICA   Riquísimas. Me encantan las enchiladas de queso. ¿Quieres probarlas?

HILDA   Ernesto, ¿qué es eso? ¿Qué estás comiendo?
ERNESTO   Es una pizza de atún y piña. ¡Es mi pizza favorita! Me encanta.

JAVIER   Nuria, no estás comiendo nada. ¿No te gusta el pollo?
NURIA   Está muy picante, y a mí no me gusta mucho la comida picante.
JAVIER   ¿Por qué no pides otra cosa?

MERCEDES	Horacio, ¿cómo están las empanadas?
HORACIO	Están bien ricas. Las de carne son muy buenas, pero las de pollo son deliciosas. Creo que voy a pedir unas más.

PEDRO	Beatriz, ¿cómo está el sándwich?
BEATRIZ	Pues, el sándwich tiene mucho pan y mucha lechuga... ¡pero no tiene nada de jamón ni de queso! Voy a hablar con el camarero ahora. ¡Camarero!

Additional Listening Activity 8-4, p. 64

SR. SÁNCHEZ	Querida, voy a salir dentro de un rato para hacer compras. ¿Debemos hacer una lista?
SRA. SÁNCHEZ	Sí. ¿Qué tenemos que comprar?
SR. SÁNCHEZ	A ver... necesitamos café... y necesitamos frijoles.
SRA. SÁNCHEZ	Bueno... ¿por qué no compras un poco de fruta? Ya tenemos naranjas en casa, pero me gustaría comprar unas fresas. Los batidos de leche, plátano y fresas son ricos siempre.
SR. SÁNCHEZ	De acuerdo. A los niños les encantan.
SRA. SÁNCHEZ	A propósito, los niños quieren hamburguesas esta noche. ¿Qué te parece? Si tú también quieres hamburguesas, necesitas comprar carne de res.
SR. SÁNCHEZ	Está bien. ¿Quieres lechuga también?
SRA. SÁNCHEZ	No, no creo. Ya tenemos lechuga.
SR. SÁNCHEZ	¿Qué más?
SRA. SÁNCHEZ	Déjame pensar. De postre, voy a hacer un flan. Necesito huevos y leche.
SR. SÁNCHEZ	Bueno, si no necesitamos más, me voy. Hasta luego.
SRA. SÁNCHEZ	Hasta pronto.

Additional Listening Activity 8-5, p. 65

LUPE	Oiga, camarero, este tenedor está sucio. ¿Me puede traer otro?
CAMARERO	Cómo no. Se lo traigo enseguida

GERMÁN	Camarero, la cuenta, por favor.
CAMARERO	¿Desea algo más?
GERMÁN	Bueno, tal vez un poco de flan, gracias. Me encanta el flan.
CAMARERO	Muy bien.

CAMARERO	Muy buenas noches. ¿Qué le puedo traer? Hoy el plato del día es camarones al mojo de ajo. Están riquísimos esta noche.
FERNANDA	Bueno, es que no tengo mucha hambre. Quisiera sopa de pollo y un batido de fresa.
CAMARERO	Excelente.

CAMARERO	Son tres mil quinientos sucres, señor.
SANTI	Muy bien. ¿Está incluida la propina?
CAMARERO	No, es aparte.

Additional Listening Activity 8-6, p. 65

JOSÉ MARÍA	Pues... son dos platos del día a mil doscientos cada uno... más dos limonadas y una botella de agua mineral... a ver... en total, son tres mil pesetas.
JOSÉ MARÍA	Vamos a ver... dos ensaladas de frutas, un bistec, un pescado con almendras y dos batidos... Son dos mil cincuenta pesetas, muchachos.
JOSÉ MARÍA	A ver... dos cafés y un flan... Son ochocientas pesetas, señores.
JOSÉ MARÍA	Pues... un sándwich de jamón, una ensalada de atún, una de frutas, una sopa de pollo y cuatro de té frío... Son dos mil setecientas pesetas, muchachas.

Answers to Additional Listening Activities

Additional Listening Activity 8-1, p. 63

Marta—jugo de naranja, pan tostado
Pedro—leche, ensalada de frutas
Susana—ceréal
Ramón—huevos con tocino, pan dulce

Additional Listening Activity 8-2, p. 63

Nombre	Comida	Bebida
Antonia	una sopa de legumbres; una __ensalada__ de lechuga y __tomate__	un vaso de __leche__
Lucía	__dos perros calientes__ ; unas papitas	una limonada grande
Carlos	un sándwich de __jamón y queso__ ; una ensalada de __frutas__	un __café grande__
Sra. Mercado	una __sopa de pollo__	un té frío

Additional Listening Activity 8-3, p. 64

1. no/fría
2. sí/riquísimas
3. sí/de atún
4. no/picante
5. sí/ricas
6. no/no tiene jamón

Additional Listening Activity 8-4, p. 64

café
frijoles
fresas
carne de res
huevos
leche

Additional Listening Activity 8-5, p. 65

1. b   2. a   3. b   4. a

Additional Listening Activity 8-6, p. 66

1. 3.000 ptas.
2. 2.050 ptas.
3. 800 ptas.
4. 2.700 ptas.

PRIMER PASO

Activity 6, p. 237

 a. A mi padre le encanta escuchar la música.
 b. A mi madre le gusta mirar películas en casa.
 c. A mi hermano Santiago le gustaría tocar un instrumento musical.
 d. A mi hermana Eva le gusta practicar deportes.
 e. A mi abuelo le encantan los animales.
 f. A mi hermana Silvia le encanta decorar su cuarto con fotos grandes.

Answers to Activity 6
1. Los carteles son para su hermana Silvia.
2. El perro es para su abuelo.
3. Los zapatos de tenis son para su hermana Eva.
4. La radio es para su papá.
5. La guitarra es para su hermano Santiago.
6. Los videos son para su madre.

Activity 11, p. 240

1. Necesito comprar unas galletas y un pastel para el cumpleaños de mi hermanito.
2. Me gustaría comprar unos aretes para mi amiga.
3. Necesito comprar un juego de mesa para mi primo Luis.
4. Busco sandalias para la playa.
5. Busco una camisa elegante para llevar a la fiesta de Enrique este sábado.
6. Quiero comprar plantas para mi casa.
7. Voy a comprar pan dulce para la fiesta de mi papá.

Answers to Activity 11
1. d 2. c 3. e 4. a 5. g 6. f 7. b

SEGUNDO PASO

Activity 15, p. 243

 CARLOS Necesito comprar unos bluejeans, una camiseta y unos zapatos de tenis.
 ELENITA Quiero buscar un traje de baño porque hace mucho calor.
 SERGIO Necesito unas camisetas, unos pantalones cortos y unos zapatos de tenis.
 TERESA Necesito pantalones y una blusa de rayas. También necesito zapatos cafés.
 LUIS Yo busco una camisa blanca, una corbata, calcetines y zapatos negros.

Answers to Activity 15
Possible answers:

Carlos—clases	Sergio—jugar al tenis	Luis—trabajar en la oficina/un baile
Elenita—ir a la piscina	Teresa—trabajar en la oficina/un baile	

Activity 24, p. 246

1. La corbata de seda es más bonita que la corbata de lana.
2. ¡El perro es más gordo que el gato! ¡Necesita ponerse a dieta!
3. La falda negra es más corta que la falda amarilla.
4. Este vestido caro es más bonito que ese vestido barato.

Answers to Activity 24
1. d 2. a 3. c 4. b
Sample answer: El perro es más gordo que el gato.

TERCER PASO

Activity 29, p. 248

1. — Perdón, señorita. ¿Cuánto cuesta esta blusa?
   — ¿La roja? El precio es $58.00.
   — ¡Qué cara!
2. — Bueno, me gustaría comprar esta camisa.
   — ¿La blanca?
   — Sí. ¿Cuánto cuesta?
   — Son ocho dólares con cincuenta y cinco centavos.
   — ¡Qué ganga!
3. — ¿Cuánto cuestan estas sandalias amarillas?
   — Son $27.00.
   — Creo que prefiero esas sandalias pardas.
   — Las pardas son más baratas. Sólo $18.00.
4. — Señorita, ¿cuánto es el pastel de chocolate?
   — Este es nuestro especial del día. Sólo cuesta $4.00.
   — ¡Qué barato!

5. — Perdón, señor. Necesito unos bluejeans.
   — Usted tiene suerte, señor. Aquí tenemos unos baratos.
   — ¿Sólo $17.00? ¡Qué baratos!
6. — Señorita, busco un vestido elegante para un baile.
   — Tenemos varios. Este azul, por ejemplo. O si prefiere otro color, lo tenemos también en rojo y en negro.
   — ¿Cuánto cuesta el vestido rojo?
   — Sólo $760.00.
   — ¡Ay, qué caro!
7. — Busco unos zapatos negros.
   — Aquí tenemos varios estilos. Éstos, por ejemplo, cuestan sólo $189.00.
   — ¡$189! ¡Qué caros! Gracias, pero no.

Answers to Activity 29

1. blusa roja: $58.00
2. camisa blanca: $8.55
3. sandalias amarillas: $27.00, sandalias pardas: $18.00
4. pastel de chocolate: $4.00
5. bluejeans: $17.00
6. vestido rojo: $760.00
7. zapatos negros: $189.00

LETRA Y SONIDO, P. 249

For the scripts for Parts A and C, see *Pupil's Edition*, page 249. The script for Part B is below.

B. Dictado

Para tía Silvia una blusa de seda.
Para César un suéter azul.
Para Simón unas sandalias.
Y para Celia unos zapatos.

REPASO

Activity 1, p. 252

SARA   Ana, mañana es la fiesta de Lisa. ¿Ya tienes tu ropa?
ANA   Sí, voy de King Kong. ¿De qué vas tú?
SARA   Voy de payaso, pero todavía tengo que comprar mi ropa. ¿Me acompañas?
ANA   Cómo no.
SARA   Necesito una corbata bastante fea.
ANA   Ay, sí. Compra una corbata de los años setenta.
SARA   Ja, ja, ja. Oye, ¿qué te parece si vamos a una tienda ahora?
ANA   Sí, perfecto. ¿Qué más necesitas?
SARA   Bueno, una camisa de cuadros, unos zapatos grandes y unos pantalones grandes.
ANA   ¿Sabes qué? Mi hermano tiene unos pantalones viejos que puedes usar.
SARA   ¡Fantástico!

Answers to Repaso Activity 1

una corbata fea, unos pantalones grandes

Scripts for Additional Listening Activities

Additional Listening Activity 9-1, p. 71

NARRADORA   Hoy es lunes y la Sra. Sotomayor va a tener un día muy ocupado. Necesita ir al centro para comprar muchas cosas. Primero, va a la Florería Girasol. Allí comprará seis rosas blancas. Después, va a la Zapatería Córdoba. Allí mira los zapatos de señora. Son muy elegantes, pero también son carísimos. Por fin, compra unos zapatos de cuero. Luego va a la Panadería Dorada, donde compra dos panes grandes para la comida y la cena esta noche. Ahora la Sra. Sotomayor tiene sed. Por eso, va al Café Venecia y pide un refresco. Después de tomarlo, va a la Juguetería "Pequeñín" donde le compra unos juguetes a su hijo Tomás. Luego, la Sra. Sotomayor pasa por la tienda de comestibles "Hermanos Gómez." Allí compra leche. Va después a la Frutería Vargas y compra naranjas para la comida de hoy. ¡La Sra. Sotomayor tiene muchos paquetes y bolsas! Por fin, vuelve a casa. ¡Qué día!

Additional Listening Activity 9-2, p. 71

PEPE   Perdón, señor. ¿Dónde está la zapatería?
SEÑOR   Está cerca de la Plaza Mayor. Está al lado de la universidad, en la Avenida del Parque.
PEPE   Muchas gracias.

PEPE   Muy buenas tardes, señora. Por favor, ¿me puede decir dónde queda la panadería?
SEÑORA   Queda al lado de la iglesia, en la Calle Mayor. Está muy cerca de Correos.
PEPE   Gracias, señora.
SEÑORA   De nada, joven.

PEPE   Buenos días, señor. ¿Me puede decir si hay una tienda de comestibles en la Calle Central?
SEÑOR   Sí, en la Calle Central hay una tienda de comestibles muy buena. Está al lado de Correos.
PEPE   Gracias. Muy amable.

PEPE   Perdon, señora. ¿Hay una dulcería cerca de aquí?
SEÑORA   Bueno, hay una a cuatro cuadras de aquí. Está al lado del Café Palma, en la calle San Juan.
PEPE   Ah, bueno. Pues gracias, ¿eh?
SEÑORA   De nada.

PEPE   Muy buenas tardes, señor. ¿Me puede decir dónde está una juguetería?
SEÑOR   Sí, cómo no. La juguetería está al lado de la biblioteca, en la Calle Mayor.
PEPE   Gracias.

PEPE   Oiga, señora, una pregunta. ¿Dónde está la frutería?
SEÑORA   Está en la Calle Central. Está al lado de la estación de autobuses.
PEPE   Muy bien. Muchas gracias.
SEÑORA   De nada.

Additional Listening Activity 9-3, p. 72

TERESA   Hola, buenos días. Me llamo Teresa Bordón y quiero encontrar mi maleta perdida. Es una maleta negra. Adentro hay una camiseta, una chaqueta de rayas, unos bluejeans y unos zapatos de tenis. Oh... y también unos calcetines de algodón. ¿Puede encontrarla?
JAVIER   Hola. Mi nombre es Javier Martínez. Estoy buscando mi maleta perdida. Es una maleta negra. Adentro hay unos zapatos de tenis, una camiseta y una chaqueta de rayas. También hay unos pantalones cortos y un suéter de algodón. ¿Está aquí?

Additional Listening Activity 9-4, p. 72

LUZ   Nuria, ¿qué debo llevar a la fiesta? ¿Estos pantalones cortos o esta minifalda?

NURIA   Bueno, vamos a jugar al voleibol allí y me parece que los pantalones cortos son más cómodos que la minifalda.

LUZ   Tienes razón.

ARA   Roberto, debemos llevarle algo a Daniel. Está en el hospital con apendicitis. ¿Quieres comprarle unas flores o tal vez una planta?

ROBERTO   Este... ¿qué tal si le llevamos un juego de mesa? Es más divertido que una planta, ¿no te parece?

ARA   Buena idea. Vamos a la juguetería esta tarde.

JULIA   Jaime, ¿cuál chaqueta vas a comprar? ¿La azul o la de rayas?

JAIME   Bueno, la de rayas me gusta. Creo que está más de moda ahora que la azul y cuestan lo mismo.

JULIA   Muy bien.

ELENA   Chica, tenemos que encontrar algo para el cumpleaños de Rosario. ¿Qué le compramos?

MARTA   Pues, no sé. ¿Qué tal si le compramos unos aretes?

ELENA   Ella siempre lleva aretes, pero... no sé. Son muy caros. ¿Qué te parece si le regalamos un disco compacto? Cuesta menos que los aretes.

MARTA   Perfecto.

ROSA   Teresa, ¿adónde quieres ir, al almacén o a la tienda de ropa?

TERESA   Vamos a la tienda de ropa de al lado. Creo que las cosas allí son más bonitas y menos caras que en el almacén.

ROSA   Está bien. ¿Lista?

Additional Listening Activity 9-5, p. 73

YOLI   A ver... todavía necesito unas cosas. Necesito camisetas...

MANUELA   Aquí hay unas camisetas bien bonitas. ¿Cuál de éstas prefieres? ¿La de rayas o la blanca?

YOLI   Eh, prefiero la de rayas. Cuestan lo mismo, ¿verdad? ¿Qué más? Ah, sí, un vestido. ¿Qué piensas? ¿Debo comprar este vestido negro o éste de cuadros?

MANUELA   A mí me gusta el color negro porque lo puedes combinar con todo. Además está muy de moda, ¿no?

YOLI   Bueno, pues. Compro el negro. También necesito un traje de baño porque vamos a la piscina. Creo que prefiero este traje de baño de cuadros. El otro no me gusta tanto. ¿Qué más? Ah... unos zapatos también.

MANUELA   Mira éstos. ¿Te gustan? ¿O prefieres sandalias? Estas sandalias son muy baratas.

YOLI   Eh, creo que debo comprar zapatos. Son más prácticos que sandalias.

Additional Listening Activity 9-6, p. 73

ALMA   Chica, mira estas blusas de seda. Son bonitas y sólo cuestan mil quinientas pesetas. Son baratísimas, ¿no?

PEPA   Sí. Parece increíble. Puedes comprarte una y regalarle una a tu hermana también. ¿A ella le gustan las blusas de seda?

ALMA   Pues, no tanto. Pero a mi madre, sí le encanta la seda. Le voy a comprar una. Mi hermana prefiere ropa más cómoda, como pantalones cortos, por ejemplo.

PEPA   Aquí hay unos pantalones cortos de cuadros. Son de lana.

ALMA   Sí, me gustan. Pero ¿cuánto cuestan? ¡Cuatro mil quinientas pesetas! ¡Es un robo!

PEPA   Sí, tienes razón. No valen tanto dinero. Entonces, ¿qué te parecen estos pantalones cortos de algodón? Cuestan mil quinientas cincuenta pesetas.

ALMA   Perfecto. Oye, ¿qué debo regalarle a mi hermanito? Pienso comprarle una camiseta porque siempre lleva camisetas y bluejeans. Y hay unas camisetas buenas y baratas aquí.

PEPA   Puedes comprarle una de esas. ¿Te gustan los colores? No cuestan mucho, sólo dos mil pesetas.

ALMA   Creo que a él le va a gustar ésta. Bueno, pues. Ya tengo todo lo que necesito, ¿vamos?

Answers to Additional Listening Activities

Additional Listening Activity 9-1, p. 71

1. <u>Zapatería</u> Córdoba: unos zapatos de cuero
2. <u>Panadería</u> Dorada: pan
3. <u>Café</u> Venecia: un refresco
4. <u>Juguetería</u> Pequeñín: unos juguetes
5. <u>Tienda de comestibles</u> "Hermanos Gómez": leche
6. <u>Frutería</u> Vargas: naranjas

Additional Listening Activity 9-2, p. 71

Additional Listening Activity 9-3, p. 72

1. b   2. a

Additional Listening Activity 9-4, p. 72

1. a   2. b   3. a   4. a   5. b

Additional Listening Activity 9-5, p. 73

The following items should be circled:
la camiseta de rayas, el vestido negro, el traje de bano de cuadros, los zapatos

Additional Listening Activity 9-6, p. 73

1. The girls are in a <u>department store</u>.
2. Alma wants to buy gifts for <u>her family</u>.
3. Alma is going to buy a <u>silk blouse</u> for her mother.
4. The wool shorts are more <u>expensive</u> than the cotton ones.
5. Alma's brother always wears <u>T-shirts and bluejeans</u>.

PRIMER PASO

Activity 7, p. 262

1. Me llamo Rolando. Vivo en Miami. Nosotros celebramos el Día de Acción de Gracias, pero como todas las familias, nuestra cena tiene cosas especiales de nuestra tradición cubana. Servimos pavo, pero también servimos arroz con frijoles negros.
2. Soy Marta. Vivo en San Antonio. Mi día favorito es el Día de los Enamorados que celebramos en febrero. Mando tarjetas a mis amigos y mi novio siempre me regala chocolates, flores o algo especial.
3. Soy Daniela. En mi familia nuestra fiesta favorita es la Navidad. Toda la familia va a la casa de mis abuelos. Vamos a misa a las doce de la noche y luego regresamos a casa para una cena fabulosa.
4. Yo me llamo Bernardo. Tengo seis años. Mi día favorito es mi cumpleaños. Este año mi mamá me va a llevar al zoológico. Luego vamos al cine y después voy a tener una fiesta.

Answers to Activity 7
1. d   2. a   3. c   4. b

Activity 9, p. 263

Esta tarde va a haber una fiesta estupenda en nuestra casa. Es el cumpleaños de mi abuelo y mi familia y yo vamos a hacer una fiesta para él. Pero hay muchas cosas que tenemos que hacer antes de la fiesta. Julia está limpiando la cocina. Mi tía Rosita está preparando una cena muy especial para mi abuelo. Mi hermana Sarita está en el patio. Ella está poniendo la mesa. Mis primos Teresa y Mauricio están lavando los platos. Roberto está decorando la sala. Y yo, ¿qué estoy haciendo yo? Bueno, yo estoy organizando mi cuarto. ¡Es un desastre!

Answers to Activity 9
1. Sarita, e
2. Guadalupe, d
3. Roberto, a
4. Rosita, b
5. Teresa y Mauricio, f
6. Julia, c

SEGUNDO PASO

Activity 18, p. 267

1. Roberto, ¿me puedes ayudar a decorar la sala?
2. Elenita, ¿me haces el favor de llamar a Gregorio? Toca muy bien la guitarra.
3. Oye, ¿quién me ayuda con las decoraciones?
4. Jaime, ¿me haces el favor de ir a la pastelería?
5. Laura, ¿quiénes van a traer la música para bailar?
6. Mamá, ¿me ayudas a preparar los sándwiches?
7. ¿Me traes una silla, por favor?

Answers to Activity 18
1. no   2. sí   3. sí   4. no   5. sí   6. sí   7. no

Activity 22, p. 268

1. — Buenos días. Habla Nicolás. ¿Qué necesitan para la fiesta?
   — Este... trae unos refrescos, por favor.
2. — Hola, soy Soledad. ¿Qué hago para la fiesta?
   — A ver... eh... ve al supermercado y compra helado, por favor.

3. — ¿Qué tal? Habla Gustavo. ¿Qué puedo traer a la fiesta?
   — Trae unos discos compactos, por favor.
4. — Buenas tardes. Habla Verónica. ¿Ya está todo listo para la fiesta? ¿Puedo preparar algo especial?
   — A ver... prepara una ensalada de frutas, por favor.
5. — ¿Qué tal? Habla Gloria. ¿Qué puedo hacer para la fiesta?
   — Bueno... Tú tienes una cámara, ¿verdad? Saca fotos de todos, por favor.
6. — Hola, soy Cristóbal. ¿Necesitan algo para la fiesta?
   — Sí, Cristóbal. Compra los globos, por favor.

Answers to Activity 22
1. a   2. b   3. d   4. c   5. f   6. e

TERCER PASO

Activity 28, p. 272

1. Raquel y Gloria jugaron a las cartas con Felipe y su hermano Guillermo.
2. Un amigo mío, Shoji, cantó unas canciones en español y Kerry tocó la guitarra.
3. Bárbara bailó con su novio Miguel. Ellos bailaron en la fiesta toda la noche.
4. Pablo miró la televisión. ¡A él no le gustan las fiestas para nada!
5. Patricia preparó un postre muy rico para la fiesta anoche.
6. Gracie y Kim jugaron a los videojuegos.
7. Andrés y Valerie escucharon música.
8. Y Francisco, ¡a él le encanta nadar! Nadó mucho en nuestra piscina.

Answers to Activity 28
1. a   2. c   3. b   4. d   5. g   6. e   7. h   8. f

LETRA Y SONIDO, P. 275

For the scripts for Parts A and C, see *Pupil's Edition*, page 275. The dialogue for Part B is below.

B. Dictado

Bueno, primero tengo que ayudar a lavar la ropa. Después, a las seis, voy a comprar unas zapatillas nuevas. Y luego, a las ocho, voy a ver una película con unos amigos.

REPASO

Activity 1, p. 278

Me llamo Mariana y vivo en San Antonio. En diciembre viajamos a Monterrey para celebrar las fiestas de Navidad con mis abuelos. ¡Qué viaje más fantástico! Mi abuela preparó unas decoraciones bonitas. Todos mis primos llegaron de Guadalajara y preparamos una cena maravillosa de pavo, enchiladas, bacalao y ensalada de Nochebuena. Cenamos a las ocho. Después bailamos, cantamos y hablamos toda la noche. La Navidad es mi día festivo favorito porque siempre la pasamos en México con mis abuelos.

Answers to Activity 1
1. Monterrey
2. para celebrar la Navidad con sus abuelos
3. diciembre
4. decoraciones bonitas
5. bailaron, cantaron y hablaron toda la noche
6. la pasan en México con sus abuelos

Scripts for Additional Listening Activities

Additional Listening Activity 10-1, p. 79

NURIA	¿Bueno?
SRA. CARVAJAL	¿Nuria? Hola, hija. ¿Cómo estás?
NURIA	Bien, mamá, bien.
SR. CARVAJAL	¿Qué es ese ruido? ¿Pasa algo?
NURIA	No creo, papá. Debe ser Carlos. Está lavando los platos de la cena en la cocina.
SR. CARVAJAL	¿Y qué van a hacer ahora?
NURIA	Pablo está preparando un postre especial: batidos de chocolate con crema de maní y piña.
SR. CARVAJAL	¿Y dónde está Isabel?
NURIA	¿Isabel? Este...
SRA. CARVAJAL	Nuria, ¿estás pasando la aspiradora?
NURIA	Bueno, yo no, pero Isabel sí, en la sala.
SR. CARVAJAL	Uds. son unos chicos estupendos. Están limpiando la casa entera.
NURIA	Bueno, Papá, la verdad es... este... tuvimos una fiesta en casa esta tarde y ahora estamos limpiando. Pero fue una fiesta pequeña.
SRA. CARVAJAL	No te preocupes, hija. Está bien. Y tú, ¿qué estás haciendo?
NURIA	Bueno, en este momento... ¡ay! ...estoy bañando a Miqui en el cuarto de baño. Está muy sucio porque salió y fue al lago en la tarde.
SR. CARVAJAL	Bueno, veo que todo está en orden allí.
NURIA	Sí, papá, todo está perfecto. No hay ningún problema.
SRA. CARVAJAL	Bueno, hija, dales un abrazo muy fuerte a todos. Nos vemos mañana por la tarde.
NURIA	Muy bien, mamá. Que se diviertan mucho. Hasta mañana.

Additional Listening Activity 10-2, p. 79

1.	ERÉNDIRA	Para esta fiesta, ¿qué te parece si compramos globos rojos, azules y blancos?
	MARISOL	Buena idea. Son los colores perfectos para la ocasión.
2.	ERÉNDIRA	Para esta ocasión, estoy pensando en colgar una bandera decorativa que dice: "Todos somos hijos de alguien. Gracias por el regalo de la vida". ¿Crees que le va a gustar a mamá?
	MARISOL	Me parece bien. Ya ves que mamá es bastante sentimental.
3.	ERÉNDIRA	Estoy buscando un papel bonito y original para envolver los regalos. ¿Qué te parece la combinación de morado y rosado?
	MARISOL	Pero ¿qué estás pensando, Eréndira!? Creo que debes usar los colores tradicionales, el rojo y el verde. Oye, ¿estás pensando abrir los regalos en la Nochebuena, o los quieres abrir el seis de enero?
4.	ERÉNDIRA	Para esta celebración, estoy preparando unas invitaciones con arte de una casa completamente limpia, donde todo es nuevo.
	MARISOL	Me parece bien. Después de Nochevieja, el día nuevo. Las invitaciones pueden decir también: "Hoy es el primer día del resto de tu vida", ¿no?
5.	ERÉNDIRA	Mira, en las invitaciones para esta fiesta dice: "Muchas gracias por..." y cada invitado debe completar la frase con algo bueno de la vida. Por ejemplo, "Muchas gracias por nuestra casa, por la música..."
	MARISOL	¿Crees que los invitados van a comprender la idea? Tal vez debes dibujar a una persona que está preparando una comida grande con todos los platos americanos—pavo, maíz, tomates, calabaza...
6.	ERÉNDIRA	Para este día qué te parece si todos los invitados reciben un regalo especial—¡un huevo pintado!
	MARISOL	Perfecto.
7.	ERÉNDIRA	Para este día, estoy pensando en unas invitaciones que dicen, "El único regalo que necesito eres tú, mi amor". ¿Qué te parece?
	MARISOL	Mmmm, no es mala idea. Pero tal vez unas invitaciones deberían decir "...eres tú, mi amigo". Después de todo, no todos los invitados van a ser novios.

Additional Listening Activity 10-3, p. 80

1.	MARÍA	Oye, Diego... ¿me ayudas a decorar la sala?
2.	ANTONIO	Diego, dime... ¿Dónde crees que debemos poner el estéreo?
3.	ANITA	Diego, ¿qué tal si ponemos la mesa con la comida en el patio?
4.	CARLOS	Diego, hombre, ¿me traes todos los regalos que recibimos de los invitados y los pones en el comedor?
5.	MARÍA	Diego, ven acá un momento... ¿Te parece que tenemos suficientes discos compactos?
6.	ANTONIO	Diego, escucha. La sala es muy pequeña y necesitamos más lugar para bailar. ¿Qué hacemos?
7.	ANITA	Diego, ¿crees que debemos poner las bebidas en el patio o en la cocina?

Additional Listening Activity 10-4, p. 80

SRA. AGUILAR	Susana, pon la mesa, por favor.
SUSANA	¡Tan temprano, mamá! Son las cuatro y media.
SRA. AGUILAR	Ya sé, pero tus tíos van a llegar a las cinco y quiero tener todo listo.
SUSANA	De acuerdo.

SR. AGUILAR	Alberto, ¿me haces un favor?
ALBERTO	Sí, papá. ¿Qué necesitas?
SR. AGUILAR	El garaje está sucio. Por favor, saca todas las cosas viejas de allí y ponlas en la basura.
ALBERTO	¿Ahora mismo? ¿Yo solo?
SR. AGUILAR	No te preocupes. Tu hermana te va a ayudar. ¡Susana...!

SRA. AGUILAR	Susana, ¿adónde vas?
SUSANA	A la biblioteca, para buscar un libro.
SRA. AGUILAR	¿Me haces un favor?
SUSANA	Sí, claro.
SRA. AGUILAR	Pasa por el supermercado y cómprame un litro de leche y una docena de huevos. Toma... aquí tienes el dinero.
SUSANA	Muy bien. Hasta luego.

SUSANA	Papá, ¿puedo ir a casa de Lourdes?
SR. AGUILAR	¿Ya hiciste tu tarea?
SUSANA	No... voy a hacerla en casa de Lourdes. A nosotras nos gusta estudiar juntas.
SR. AGUILAR	Me parece que les gusta hablar y escuchar música más que otra cosa. Anda... haz tu tarea en casa y después vete a casa de Lourdes.

Additional Listening Activity 10-5, p. 81

GONZALO	Marta...¡Marta! Ven acá, por favor.
MARTA	¿Qué te pasa?
GONZALO	No encuentro mi cartera. Creo que la perdí hoy.
MARTA	Bueno, hombre... no te preocupes. Cuéntame... ¿qué hiciste hoy?
GONZALO	Bueno, desayuné en casa.
MARTA	¿Y después?
GONZALO	Después tomé un autobús a la biblioteca. Estudié allí por dos horas. A ver... a la una, almorcé en un café.
MARTA	Entonces, tu cartera no está en la biblioteca porque pagaste la cuenta en el café, ¿verdad?
GONZALO	Sí, tienes razón. Ahora... después de almorzar, ¿qué hice? Ah, sí. Después, escuché unos discos compactos en la nueva tienda de música. Compré uno, de Juan Luis Guerra.
MARTA	Bueno, ¿crees que perdiste tu cartera en la tienda de música?
GONZALO	No, porque después compré una revista en una librería y luego regresé a casa.
MARTA	¿Y cómo regresaste?
GONZALO	Pues, me encontré con mi amigo Ricardo y vine a casa en su carro.
MARTA	Entonces, es lógico. Ya sé dónde está tu cartera. La olvidaste en el carro de Ricardo.

Additional Listening Activity 10-6, p. 81

MADRE	Nicolás, ¿cómo van los preparativos? ¿Está todo listo?
NICOLÁS	Bueno, más o menos, mamá.
MADRE	¿Y qué quiere decir "más o menos"? Vamos a ver... ¿Ya limpiaste toda la casa, ¿verdad?
NICOLÁS	Pasé la aspiradora en la sala y limpié el cuarto de baño, pero todavía tengo que sacar la basura.
MADRE	Bien, yo saco la basura. ¿Y la comida? ¿Está lista?
NICOLÁS	Sí, casi toda. Decoré el pastel; creo que salió muy bonito. Anoche, Teresa y yo hicimos las galletas. Dentro de un rato, papá y yo vamos a la tienda de comestibles para comprar los refrescos.
MADRE	¿Y los sándwiches? ¿Ya los preparaste?
NICOLÁS	No, todavía no. ¿Me quieres ayudar a hacerlos?
MADRE	Sí, cómo no. Y si quieres, tu hermana y yo ponemos la mesa.
NICOLÁS	Gracias, mamá.
MADRE	¿Todavía necesitas poner las decoraciones?
NICOLÁS	Pues, ya decoré el patio. Ahora mismo Teresa está inflando los globos y después voy a ponerlos en la sala.
MADRE	Muy bien, Nicolás, me parece que ya hiciste casi todo. Pronto acabamos con el resto. Vamos a la cocina.

Answers *to* Additional Listening Activities

Additional Listening Activity 10-1, p. 79

Nombre	¿Dónde está?	¿Qué está haciendo?
Nuria	el cuarto de baño	está ___ **bañando** ___ a Miqui
Carlos	___ **la cocina** ___	está lavando los platos
Isabel	la sala	está ___ **pasando la aspiradora** ___
Pablo	la cocina	está ___ **preparando** ___ un postre
los padres	de viaje	___ **regresan** ___ mañana por la tarde

Additional Listening Activity 10-2, p. 79

1. e   2. f   3. c   4. b   5. a   6. d   7. g

Additional Listening Activity 10-3, p. 80

1. a   2. a   3. b   4. b   5. b   6. a   7. b

Additional Listening Activity 10-4, p. 80

a. 3   b. 4   c. 1   d. 2

Additional Listening Activity 10-5, p. 81

1. e   2. c   3. d   4. b   5. a
His wallet is <u>in his friend's car</u>.

Additional Listening Activity 10-6, p. 81

Ya		Todavia no
X	pasar la aspiradora	
X	limpiar el cuarto de baño	
	sacar la basura	X
X	decorar el pastel	
	comprar los refrescos	X
X	hacer las galletas	
	preparar los sándwiches	X
	poner la mesa	X
X	decorar el patio	
	poner los globos en la sala	X

PRIMER PASO

Activity 6, p. 291

1. No sé qué me pasa. Siempre me siento muy cansada. ¿Qué hago?
2. Bueno, me gusta mucho mirar la televisión. No hago mucho ejercicio pero quiero empezar a hacerlo.
3. No me gusta para nada la leche. Prefiero tomar refrescos.
4. Yo trabajo día y noche. Siempre estoy aquí en la oficina.
5. Me encanta comer pizza, hamburguesas y papas fritas.
6. No me siento bien porque casi siempre estoy en casa. Debo salir más.

Answers to Activity 6
Sample answer:
1. Natalia

SEGUNDO PASO

Activity 13, p. 294

1. ¡Uy! ¡Me siento muy mal! Tengo una fiebre de 102 grados.
2. ¡Hombre! No sé qué hacer. Hoy tengo un examen muy difícil en la clase de álgebra.
3. Esta noche voy a cantar por primera vez en un concierto y no estoy preparado.
4. ¡Qué lástima! No puedo pasar las vacaciones con mi tía en Puerto Rico.
5. Ay, mi hermanita es terrible. Siempre quiere llevar mis camisas y mis suéteres.
6. Aquí estoy en el restaurante con mi novia. No tengo el dinero para pagar la cena. ¿Qué voy a hacer?
7. No me siento bien. No puedo asistir a clases hoy.
8. Todo el mundo está enfermo. Yo también.

Answers to Activity 13
1. 6 2. 2, 5 3. 2, 5 4. 4 5. 3 6. 2, 5 7. 1, 6, 7, 8 8. 1, 6, 7, 8

Activity 17, p. 296

1. — ¿Qué te pasa, Gregorio?
   — No puedo más. ¡Treinta kilómetros en bicicleta ya es suficiente!
2. — Flor, ¿no vas a terminar la tarea?
   — Lo siento, profesora, pero no puedo escribir más.
3. — ¿Qué pasa, Félix, te sientes mal?
   — ¡Ay! Tomé dos batidos y cuatro hamburguesas.
4. — ¿No vas al gimnasio hoy, Betty?
   — No. Normalmente levanto pesas todos los días, pero hoy no puedo.
5. — ¿Qué síntomas tiene, señorita?
   — Estoy resfriada, doctor, y no puedo hablar.
6. — ¿Por qué estás sentado allí?
   — No puedo correr más. Mis nuevas zapatillas no me quedan bien. Son horribles.
7. — ¿Quieres ir al cine con nosotros?
   — No, pasé cinco horas en la biblioteca hoy.

Answers to Activity 17
1. d 2. e 3. g 4. a 5. f 6. c 7. b

TERCER PASO

Activity 33, p. 303

1. Ricardo y Miguel fueron al estadio a desayunar.
2. Angélica y Marta fueron a la cancha de tenis a bailar con Roberto y Sergio.
3. Gabriel fue a la piscina a nadar.
4. Yo fui a la pista de correr a hacer yoga.
5. María y Pablo fueron a la biblioteca a escuchar el concierto.
6. Mi hermano fue al gimnasio a levantar pesas.
7. Mis padres fueron al estadio a ver un partido de fútbol.
8. Mis hermanos y yo fuimos al cine a jugar al basquetbol con nuestros primos.

Answers to Activity 33
1. no; Fueron al estadio a ver un partido de béisbol.
2. no; Fueron a la cancha de tenis a jugar al tenis con Roberto y Sergio.
3. sí
4. no; Fui a la pista de correr a hacer ejercicio.
5. no; Fueron a la biblioteca a leer.
6. sí
7. sí
8. no; Fuimos al cine y vimos una película muy buena.

LETRA Y SONIDO, P. 304

For the scripts for Parts A and C, see *Pupil's Edition*, page 304. The script for Part B is below.

B. Dictado

Mi horario no es fácil. Estudio geometría, historia y física. Me gusta estudiar por la tarde y ver televisión por la noche.

REPASO

Activity 4, p. 309

RAFI   Ay, Sara. Estoy muy triste. El lunes regresamos a casa y yo quiero quedarme en Puerto Rico.
SARA   Yo también, Rafi. Pero estoy muy contenta porque pasamos unas vacaciones maravillosas con nuestra familia. Visitamos muchos lugares en Puerto Rico.
RAFI   Me gustaría regresar a El Yunque. ¡Qué interesante! Y ¡qué hermoso! Las flores, los pájaros, todo.
SARA   También me gustó mucho El Yunque. Pero a mí me gusta más pasar todo el día en la playa, como la semana pasada. Nadamos, llevamos comida, jugamos al voleibol y cantamos. Ay, qué bien lo pasé.
RAFI   Me gustó mucho el museo y también me gustaron los cuentos del abuelo.
SARA   Sí, éstas fueron unas vacaciones maravillosas.

Answers to Repaso Activity 4
1. Rafi está muy triste.
2. Sara está triste pero también contenta.
3. Rafi quiere regresar a El Yunque. Sara quiere pasar el día en la playa.
4. A Sara le gustaron El Yunque y la playa.
5. A Rafi le gustó el museo y también le gustaron los cuentos del abuelo.

Scripts *for* Additional Listening Activities

Additional Listening Activity 11-1, p. 87

1.   MARIO   Sara, muy buen partido. Juegas mucho mejor que yo. Oye, ¿por qué no vamos a tomar algo? Tengo mucha sed.

        SARA   Buena idea. ¿Quieres ir al café al lado o vamos a otra parte?

2.   GIANNA   Victoria, ¿sabes que este verano dan muchas clases en el club deportivo? ¿Qué tal si tomamos una clase de yoga juntas?

   VICTORIA   Gracias, chica... pero el yoga no me interesa mucho. Prefiero aprender un deporte más... no sé... más activo.

3.   GERALDO   Mañana voy con unos primos a la playa. ¿Por qué no vas con nosotros?

     HILDA   Gracias. Me gustaría, pero no me siento bien. Creo que estoy un poco resfriada. Tal vez otro día, ¿no?

4.   SONIA   Fernando, no se sienten bien mamá y papá. Creo que debemos preparar la cena esta noche.

 FERNANDO   Bueno, pero... ¿qué podemos preparar?

    SONIA   ¿Qué tal si hacemos unos espaguetis y una ensalada?

 FERNANDO   Sí, eso es fácil de hacer.

Additional Listening Activity 11-2, p. 87

    CHELA   Gerardo, ¿qué onda? ¿Cómo estás?

 GERARDO   La verdad, no me siento muy bien.

    CHELA   ¿Por qué? ¿Estás enfermo?

 GERARDO   No, es que nunca hago ejercicio, como muchos dulces y paso todas las tardes mirando la tele.

    CHELA   Y ¿qué tal si hacemos ejercicio juntos? Yo también quiero llevar una vida sana.

 GERARDO   Me gustaría levantar pesas. Hay unos clubes deportivos muy buenos cerca de aquí.

    CHELA   Pero los clubes deportivos son muy caros y no quiero pagar tanto dinero. Correr en las mañanas por el parque no cuesta nada.

 GERARDO   Sí, pero hace mucho frío en la mañana. ¿Qué tal si jugamos al tenis después de clases?

    CHELA   ¿Tenis? ¡Pero no sé jugar al tenis! ¿Por qué no jugamos al fútbol?

 GERARDO   ¿Y con quiénes vamos a jugar? El fútbol necesita mucha gente. Oye, ¿sabes patinar?

    CHELA   Sí, claro. ¡Me encanta patinar sobre ruedas!

 GERARDO   Magnífico. Mañana empezamos después de clases.

Additional Listening Activity 11-3, p. 88

1. ALEJANDRO   Rosa, ¿vas con nosotros a jugar al fútbol después de clases?

     ROSA   No, no creo.

 ALEJANDRO   ¿Por qué? Siempre jugamos los martes después de clases.

     ROSA   No me siento bien. Tengo fiebre y me duele todo el cuerpo.

 ALEJANDRO   ¡Qué mala suerte! Pues, espero que te sientas mejor.

2.   SERGIO   ¿Bueno?

 MAURICIO   Hola, Sergio. Soy yo. Oye, ¿qué tal si vamos al cine esta noche? Van a ir Isabel y Teresa, la nueva chica. ¿Quieres?

   SERGIO   Mmm... no creo.

 MAURICIO   Hombre, ¿qué tienes? ¿Estás mal?

   SERGIO   No, no es eso... es que mañana tengo un examen en la clase de historia, sobre la Revolución. Va a ser muy difícil.

 MAURICIO   Bueno, pues, te dejo estudiar. Tranquilo, ¿eh?

   SERGIO   Gracias, hombre.

3.   ISABEL   Leonor, ¿por qué no vamos de compras esta tarde? Hay rebajas en el centro.

  LEONOR   No, esta tarde no puedo, gracias.

   ISABEL   ¿Qué te pasa?

  LEONOR   Es que mi abuela está muy enferma. Está en el hospital y posiblemente van a tener que operarla.

   ISABEL   Ay, chica... lo siento mucho.

  LEONOR   Gracias.

4. SRA. ACOSTA   ¿Yolanda? Yolanda, levántate ya... ya son las siete y media.

  YOLANDA   Ug... mamá...

SRA. ACOSTA   ¿Qué te pasa, hija? ¿Por qué sigues acostada?

  YOLANDA   Me siento fatal.

SRA. ACOSTA   Tienes tos, ¿verdad? Pobrecita. Entonces descansa.

¡Ven conmigo! Level 1, Chapter 11

1.
RAQUEL	Clínica Central. Dígame.
SRA. DÁVILA	Buenos días. Soy una paciente de la doctora Ramos y necesito verla hoy, por favor.
RAQUEL	¿Cómo se llama usted, señora?
SRA. DÁVILA	Mi nombre es Teresa Dávila de Fuentes.
RAQUEL	¿Y qué le pasa, señora?
SRA. DÁVILA	Me duele mucho la garganta.
RAQUEL	Bueno, la doctora Ramos tiene hora libre a las tres cuarenta y cinco.

2.
RAQUEL	Clínica Central.
SR. OSORIO	Hola, buenos días. Quería una cita con la doctora, hoy si fuera posible.
RAQUEL	¿Cómo se llama?
SR. OSORIO	Agustín Osorio.
RAQUEL	¿Y cuáles son sus síntomas, Sr. Osorio?
SR. OSORIO	Pues, me duele muchísimo la espalda. No puedo ni trabajar ni hacer ejercicio porque me duele tanto. ¿Puedo venir a ver a la doctora hoy?
RAQUEL	Sí, tiene hora libre a la una y quince esta tarde.

3.
SR. LÓPEZ	Muy buenos días. Me llamo Geraldo López y necesito ver a la doctora urgentemente.
RAQUEL	¿Y cuáles son sus síntomas, Sr. López?
SR. LÓPEZ	Tengo un dolor de cabeza horrible. No puedo ver, trabajar, leer... nada.
RAQUEL	Pues, puede ver a la doctora hoy a las cuatro y media de la tarde.

4.
RAQUEL	Clínica Central. Dígame.
SRTA. MENDOZA	Hola, buenos días. ¿Puedo ver a la doctora hoy? No me siento nada bien. Tengo fiebre y me duele el cuerpo entero. Me siento muy débil... apenas puedo caminar. Creo que debo tener gripe.
RAQUEL	¿Cómo se llama usted?
SRTA. MENDOZA	Alicia Mendoza.
RAQUEL	Muy bien, Srta. Mendoza. Usted puede venir a las doce y media hoy.

Gracias por llamar al programa municipal deportivo de verano. Todos los cursos de verano empiezan a partir del primero de junio. Se van a dar clases de yoga para principiantes e intermedios. Las clases se reúnen en el club deportivo. Hay sesiones el martes y el viernes a las 11:00 de la mañana. Se está formando un grupo de personas para correr juntos. El grupo se reúne para entrenar los lunes y los miércoles a las siete de la mañana. Las sesiones de entrenamiento tienen lugar en la pista municipal.
¿Eres tenista? Este verano se dan cursos de tenis para principiantes, intermedios y avanzados. Las clases se reúnen en las canchas municipales a las diez de la mañana y a las dos de la tarde. Hay clases los viernes y los sábados. Hay clases de fútbol para niños y adolescentes de ocho a dieciocho años. Las clases se dan a las cuatro y treinta de la tarde en el estadio municipal. Hay sesiones los jueves y los domingos.
Ésos son los programas para este verano. Para mayor información llama al siete, seis, dos, ochenta y tres, sesenta y cinco. Gracias.

1.
JOSÉ	Martín, ¿dónde estuviste ayer? Te llamé como tres veces.
MARTÍN	Perdona, hombre. Fui con unos primos al estadio para ver el partido.
JOSÉ	¿Y qué tal?
MARTÍN	Muy bien. Ganó Peñarol. Y después, para celebrar, fuimos a un restaurante.

2.
SR. VARGAS	Laura, ¿por qué regresaste tan tarde para comer?
LAURA	Lo siento, papá. Es que Marcela y yo fuimos a las canchas municipales a las diez para jugar al tenis un rato. Tuvimos que esperar media hora.
SR. VARGAS	¿Y qué tal?
LAURA	Bien. Gané yo, pero apenas. ¡Me duelen los brazos!
SR. VARGAS	Ya lo creo. Oye, ¿compraste pan para comer?
LAURA	Sí. Pasé por la panadería. Aquí está.

3.
CRISTIÁN	Hola, ya llegué.
ANABEL	Hola, Cristián. ¿Ya hiciste el entrenamiento para hoy?
CRISTIÁN	Sí. Corrí diez millas.
ANABEL	Qué bueno, Sr. Maratón. ¿Adónde fuiste, al estadio o a la pista de correr?
CRISTIÁN	A la pista. Y después de correr, fui al gimnasio para levantar pesas.

Answers to Additional Listening Activities

Additional Listening Activity 11-1, p. 87

1. sí   3. no
2. no   4. sí

Additional Listening Activity 11-2, p. 87

They decide to start <u>roller skating every afternoon after school.</u>

Additional Listening Activity 11-3, p. 88

1. C.
2. B.
3. A.
4. D.

Additional Listening Activity 11-4, p. 88

Nombre	Síntomas	Hora de la cita
Teresa Dávila de Fuentes	le duele la garganta	3:45 P.M.
Agustín Osorio	le duele la espalda	1:15 P.M.
Geraldo López	le duele la cabeza	4:30 P.M.
Alicia Mendoza	tiene fiebre, le duele todo el cuerpo	12:30 P.M.

Additional Listening Activity 11-5, p. 89

1. viernes y sábados 10:00 A.M. y 2:00 P.M.: las canchas municipales
2. martes y viernes 11:00 A.M.: el club deportivo
3. jueves y domingo 4:30 P.M.: el estadio municipal
4. lunes y miércoles 7:00 A.M.: la pista municipal

Additional Listening Activity 11-6, p. 89

Martín—estadio, restaurante; Laura—las canchas municipales, la panadería; Cristián—la pista de correr, el gimnasio

PRIMER PASO

Activity 10, p. 319

1. — ¡Ay, las montañas de Colorado! Me encanta esquiar.
   — Sí, pero debes tener cuidado.
2. — Es el viaje de mis sueños—una semana en Cancún.
   — ¡Qué maravilla! Voy a pasar todos los días en la playa.
3. — ¡Dos semanas en el Caribe! Pensamos acampar, estar lejos de todo, sin trabajar, ni estudiar.
   — Y espero dar muchos paseos. Va a ser fantástico.
   — A propósito, ¿tienes la cámara?

Answers to Activity 10
1. a 2. c 3. b

SEGUNDO PASO

Activity 20, p. 324

SARA   Me llamo Sara Mercado y vivo en San Juan, Puerto Rico. A mí me gustaría viajar a España porque quiero ver el país de mis abuelos. En España hay muchas cosas interesantes, sobre todo las montañas y los castillos hermosos. Quiero quedarme en España durante todo el verano. Pienso viajar con mis primos que viven en Nueva York.

DAVID   Soy David Álvarez Medellín y vivo en Guadalajara. A mí me gustaría ver las Islas Galápagos. Quiero ir de excursión a las Galápagos porque tengo muchas ganas de ver los animales que viven allí. Es que hay muchos que no existen en otras partes del mundo. Me gustaría viajar a las Galápagos en dos años, al terminar mi colegio. Tengo tres amigos que también quieren viajar conmigo.

MARTÍN   Me llamo Martín Valerio y vivo en Los Ángeles. Tengo muchas ganas de viajar a la Argentina. Quiero ver la capital, Buenos Aires, y los gauchos y las pampas. También me gustaría esquiar y escalar una montaña en los Andes. La Argentina es un país muy interesante. Espero ir allí con unos amigos, pero no sé cuándo.

Answers to Activity 20

SARA MERCADO:	San Juan, Puerto Rico, España, quedarse todo el verano
DAVID ÁLVAREZ MEDELLÍN:	Guadalajara, las Galápagos, ver los animales allí
MARTÍN VALERIO:	Los Ángeles, la Argentina, ver Buenos Aires, los gauchos y las pampas, y esquiar y escalar una montaña

TERCER PASO

Activity 29, p. 327

CARLOS   ¡Qué divertido el viaje!

YOLANDA   Sí, tienes razón. Me gustó mucho el día en que fuimos a la playa con la prima Mari y preparamos una comida.

CARLOS   Sí, tomamos el sol, hablamos con Mari y luego jugamos al voleibol. ¿Te gustó el partido?

YOLANDA   Sí, muchísimo.

CARLOS   Y a mí me gustó ver El Yunque. Cuando pienso en Puerto Rico, voy a pensar en las flores y la selva.

YOLANDA   Sí, es muy bonito. Caminamos mucho ese día, ¿no?

CARLOS   Sí, y sacamos muchas fotos.

LISTENING ACTIVITIES · SCRIPTS & ANSWERS

YOLANDA	¿Te acuerdas de la fiesta con los amigos de Miguel?
CARLOS	¡Claro que sí! Lo pasé muy bien. Voy a escribir cartas a todos ellos.
YOLANDA	La visita a los abuelos también fue muy bonita. Su vida es muy diferente de nuestra vida en Nueva York, pero me encantó.
CARLOS	Sí, a mí también.

Answers to Activity 29
1. b   2. a   3. d   4. c

LETRA Y SONIDO, P. 329

For the scripts for Parts A and C, see *Pupil's Edition*, page 329. The script for Part B is below.

B. Dictado

Hola, Pablo, habla Pedro. Hoy tenemos que preparar la cena para papá. Voy a comprar la comida en la tienda. Tú necesitas poner las papas en el horno a las cinco. Hasta entonces.

REPASO

Activity 1, p. 332

1.	MARTA	Espero ir de vacaciones en julio. Estre verano pienso ir con mi mejor amiga al norte de California para saltar en paracaídas.
2.	FRANCISCO	Voy a pasar mis vacaciones en Colorado, en las montañas. Ahí pienso acampar, pescar y dar caminatas por el bosque. Por eso necesito comprar una tienda de camping.
3.	JUAN	Yo no voy a ningún lugar. Pienso quedarme en casa y pasar el verano con mi mejor amigo.
4.	ROSARIO	A mí me gusta mucho el océano. Por eso me gustaría ir de vela este verano con mi perro. A él también le gusta.
5.	SILVIO	Para mí no hay nada mejor que tomar el sol con unos buenos libros. Por eso me gustaría pasar una semana en la playa.
6.	LETICIA	Espero ir a México este verano. Quiero escalar unas montañas con mi padre.

Answers to Repaso Activity 1
1. a   2. b   3. f   4. e   5. d   6. c

Additional Listening Activity 12-1, p. 95

CECILIA ¡Durante estas vacaciones voy a estar muy ocupada! Pienso hacer muchas cosas, ganar dinero y pasarlo bien. Primero, voy a trabajar como camarera en un restaurante italiano cuatro días a la semana. Los lunes, los miércoles, los jueves y los viernes. Después, tengo ganas de aprender a nadar. Pienso tomar clases de natación en el club deportivo. La clase es tres veces a la semana, los martes, los jueves y los viernes en la mañana. No me gusta levantarme temprano, pero bueno... También voy a jugar en la Liga de Fútbol de nuestra escuela. Mi equipo hace ejercicio dos veces a la semana, los miércoles y los sábados en la tarde. Y jugamos todos los domingos por la tarde. Creo que hay algo más... sí, ahora me acuerdo. También quiero tomar una clase de dibujo en el centro de arte. La clase es el domingo en la mañana. Bueno, creo que es todo... Va a ser un verano estupendo.

Additional Listening Activity 12-2, p. 95

ERNESTO Hola, me llamo Ernesto. Este verano voy a practicar un deporte atrevido. Quiero saltar en paracaídas. Tengo todo listo, sólo tengo que hacer la maleta.

TERESA Hola, soy Teresa. Estas vacaciones mi hermano y yo vamos a Ponce a tomar el sol. Nos encanta la playa. Hoy vamos a comprar el bloqueador y los lentes de sol.

ESTEBAN Hola. Mi nombre es Esteban. Este año, voy con mi hermano a los Andes en Chile. Nos encanta la nieve y queremos pasar unos días en las montañas. Vamos a tomar muchas fotos con la cámara nueva.

VICTORIA Hola, soy Victoria. Este año voy con un amigo a bajar el río en canoa. Nos encanta el peligro. Sólo tenemos que comprar los boletos para viajar.

Additional Listening Activity 12-3, p. 96

LUIS ¡Por fin llegaron las vacaciones! Jaime, ¿adónde van a ir ustedes?

JAIME Mis padres tienen una casa en el bosque y toda la familia va a ir allá. ¡Lo vamos a pasar bien!

LUIS ¿Y tu prima Alicia? ¿También ella va a ir con ustedes?

JAIME Sí, claro. Va a ir con un amigo de ella. A los dos les gusta explorar el bosque juntos.

LUIS ¿Qué les gusta hacer a tus padres?

JAIME A mis padres les encanta dar caminatas y hablar.

LUIS ¿Y qué les gusta hacer a tus hermanos?

JAIME A mi hermano Armando no le gusta hacer nada. Es un aburrido. A Blanca, en cambio, le encanta escalar montañas. Y a mí, ya sabes, me gusta bajar el río en canoa. ¿Y a ti, Luis? ¿Te gustaría bajar el río en canoa este verano?

LUIS ¡Por supuesto!

Additional Listening Activity 12-4, p. 96

LAURA Me llamo Laura Treviño. A mí me gustaría ir al campo... ver los pájaros y los demás animales del bosque, mirar las estrellas. Me gustaría tener unas vacaciones tranquilas.

CARMEN Me llamo Carmen Donoso. Estas vacaciones no tengo ganas de hacer nada. Me gustaría leer novelas, dormir mucho y no pensar en nada.

ARTURO Me llamo Arturo Ybarra. Estudio historia del arte y este verano me gustaría ir a conocer los museos de Europa... Madrid, París, Londres, Roma. Me fascina el arte antiguo.

CLARA Me llamo Clara Montero. Estudio biología en la universidad y tengo ganas de ver las plantas y los animales de la selva tropical.

ENRIQUE Me llamo Enrique Saldaña. A mí me encantan los deportes acuáticos, pero este año no tengo ni dinero ni tiempo para ir a la playa. Prefiero ir a un lago o a un río cerca de la ciudad.

JOSÉ Me llamo José Domínguez. Este año, me gustaría ir a los Andes o a las Montañas Rocosas. Me fascinan los lugares altos como las montañas y no me gusta el calor.

Additional Listening Activity 12-5, p. 97

MARTA	Aló.
PIERO	Marta, habla Piero. Acabo de regresar de mis vacaciones y hablo para saludar.
MARTA	¡Piero! ¡Qué gusto escucharte!
PIERO	¿Adónde fuiste en las vacaciones?
MARTA	Yo no fui a ningún lugar. Trabajé durante todo el verano como camarera en un restaurante de comida alemana.
PIERO	¡Todo el verano!
MARTA	Sí... pero ya tengo dinero para comprar mi boleto de avión e ir a visitar a mis abuelos en Puerto Rico durante la Navidad.
PIERO	Me alegro muchísimo. Yo fui a Italia a visitar a mis primos. También fui a la playa... Y tus primos Edwin y Nora, ¿adónde fueron?
MARTA	Edwin se fue a explorar la selva tropical en Brasil. Tenía ganas de conocer América del Sur. Nora fue a Alemania a casa de una amiga. Dice en sus cartas que Alemania tiene unos bosques muy bonitos.
PIERO	Y tus amigos Benjamín y Ángela, ¿adónde fueron?
MARTA	Benjamín fue a escalar montañas en Chile con un grupo de estudiantes. De Ángela, no estoy segura. Creo que fue a Egipto, pero no sé si viajó con una tienda de camping o iba a hacer turismo solamente.
PIERO	¡Qué bonito! ¿Y a quién viste aquí en el verano?
MARTA	A nadie... todos se fueron de vacaciones y yo me quedé muy sola. Así que vamos al cine, ¿no?

Additional Listening Activity 12-6, p. 97

SARA	¡Guillermo! Ya regresaste de tus vacaciones. ¿Cómo estás?
GUILLERMO	Hola, Sara. Estoy bien, gracias.
SARA	¿Y adónde fuiste?
GUILLERMO	Fui a visitar a mis primos en Guadalajara. Estuve allí casi dos meses, practicando mi español, haciendo turismo y escuchando música de mariachi.
SARA	¡Qué bonito!
GUILLERMO	Y tú, te ves muy bien. ¿Qué hiciste para ponerte en forma?
SARA	Este verano trabajé dando clases de tenis a niños. Así que fui a la cancha de tenis por la mañana, por la tarde y por la noche.
GUILLERMO	¿Y tu amiga Alicia? ¿Adónde fue ella?
SARA	Déjame pensar... Alicia fue con sus padres a Chile para esquiar. Dice que los Andes son increíbles.
GUILLERMO	¡Qué suerte! Esquiar en los Andes. ¿Y Nelson?
SARA	Creo que Nelson se quedó aquí. Trabajó en la piscina municipal, dando clases de natación.
GUILLERMO	¿Y qué sabes de Teresa?
SARA	Ella fue primero con sus tíos a Miami. Luego, ellos fueron de viaje en barco de vela por todo el Caribe. Visitaron las Islas Vírgenes, Martinica, Santo Tomás. Me mandó una tarjeta postal la semana pasada.
GUILLERMO	¡Maravilloso! ¿Y sabes si Marcos está por aquí?
SARA	Marcos... no sé. Fue con su familia a acampar en el Parque Yellowstone. Viajaron en carro desde San Antonio hasta el Parque Yellowstone, con sus dos hermanitos.
GUILLERMO	¡Pobre Marcos!

Answers to Additional Listening Activities

Additional Listening Activity 12-1, p. 95

AGENDA SEMANAL						
domingo	lunes	martes	miércoles	jueves	viernes	sábado
clase de dibujo	trabajo	clase de natación	trabajo	clase de natación	clase de natación	hacer ejercicio
partidos de fútbol			hacer ejercicio	trabajo	trabajo	

Additional Listening Activity 12-2, p. 95

1. Ernesto: la maleta
2. Victoria: los boletos
3. Esteban: la cámara
4. Teresa: el bloqueador

Additional Listening Activity 12-3, p. 96

1. e 2. a 3. b 4. c 5. d

Additional Listening Activity 12-4, p. 96

Cliente	¿Qué le gustaría hacer?
Laura Treviño	le gustaría ir al campo
Carmen Donoso	no tiene ganas de hacer nada
Arturo Ybarra	le gustaría visitar museos
Clara Montero	tiene ganas de ver plantas
Enrique Saldaña	prefiere un lugar cerca de la ciudad
José Domínguez	le gustaría ir a los Andes

Additional Listening Activity 12-5, p. 97

1. b 2. b 3. a 4. b 5. a 6. b

Additional Listening Activity 12-6, p. 97

1. Sara
2. Nelson
3. Guillermo
4. Marcos
5. Teresa
6. Alicia

Scripts and Answers for Testing Program

Listening Scripts for Quizzes 1-1B, 1-2B, 1-3B

Quiz 1-1B Capítulo 1 Primer paso

I. Listening

A. 1. — Buenas tardes, María. ¿Qué tal?
2. — Adiós, Luisa, hasta mañana.
3. — Hola, Juan. ¿Cómo estás?
4. — Yo soy María. Y tú, ¿cómo te llamas?
    — Me llamo Margarita. Mucho gusto.
5. — Marcos, éste es Rafael.
    — Encantado.
    — Igualmente.

Quiz 1-2B Capítulo 1 Segundo paso

I. Listening

A. 1. — Tengo trece años.
2. — ¿Cuántos años tienes?
    — Tengo veintiséis años.
3. — Tengo quince años.
4. — Tú tienes treinta años, ¿verdad?
    — Sí, treinta.
5. — Tengo veintiún años.

Quiz 1-3B Capítulo 1 Tercer paso

I. Listening

A. 1. A mí me gusta más el fútbol.
2. Me gusta la clase de español.
3. No me gusta el tenis, pero me gusta el baloncesto.
4. ¿Qué te gusta? ¿La comida china?

TESTING PROGRAM · SCRIPTS & ANSWERS

ANSWERS Quiz 1-1B

I. Listening

A. (10 points: 2 points per item)

	Greeting	Introduction	Goodbye
1.	✓		
2.			✓
3.	✓		
4.		✓	
5.		✓	

ANSWERS Quiz 1-2B

I. Listening

A. (10 points: 2 points per item)
1. 13
2. 26
3. 15
4. 30
5. 21

ANSWERS Quiz 1-3B

I. Listening

A. (8 points: 2 points per item)
1. sí
2. sí
3. sí
4. no

I. Listening

A.   1.   — ¿Cuántos años tienes?
            — Tengo diecisiete.
     2.   — Soy de los Estados Unidos.
     3.   — Buenos días, señora Chávez.
     4.   — Mucho gusto.
            — Encantado.
     5.   — ¿Qué te gusta? ¿El baloncesto?

B.   6.   — ¿Cómo te llamas?
     7.   — ¿De dónde eres?
     8.   — ¿Cuántos años tienes?
     9.   — Yo soy Patricia. ¿Y tú?
   10.   — ¿Qué te gusta? ¿El baloncesto?

Answers to Listening Activities in Chapter 1 Test

I. Listening Maximum Score: 30 points

A. (15 points: 3 points per item)
1. d
2. b
3. c
4. a
5. e

B. (15 points: 3 points per item)
6. c
7. a
8. a
9. c
10. a

Listening Scripts for Quizzes 2-1B, 2-2B, 2-3B

Quiz 2-1B Capítulo 2 Primer paso

I. Listening

A. CLARA No tengo bolígrafo y no tengo libro. Pero tengo dos calculadoras y muchas gomas de borrar. También tengo un diccionario en mi mochila.

Quiz 2-2B Capítulo 2 Segundo paso

I. Listening

A. 1. DAVID Luisa, ¿qué tienes en tu cuarto?
      LUISA Tengo una cama, una mesa y una lámpara.
   2. DAVID Pedro, ¿qué hay en tu cuarto?
      PEDRO Hay un escritorio y muchos carteles.
   3. DAVID Alicia, ¿tienes un televisor en tu cuarto?
      ALICIA No, no tengo televisor. Tengo una radio.
   4. DAVID Carlos, ¿tienes un reloj?
      CARLOS Sí, tengo un reloj.
   5. MARTA Ana, ¿qué hay en tu cuarto?
      ANA Hay un televisor.
   6. DAVID Juan, ¿cuántos libros hay en tu cuarto?
      JUAN Hay muchos libros.

Quiz 2-3B Capítulo 2 Tercer paso

I. Listening

A. a. Hoy necesito hacer la tarea.
   b. Quiero comprar zapatillas de tenis nuevas.
   c. Necesito organizar mi cuarto.
   d. Quiero ir al centro comercial.

Answers to Listening Activities in Quizzes 2-1B, 2-2B, 2-3B

ANSWERS Quiz 2-1B

I. Listening

A. (10 points: 2 points per item)
1. no
2. no
3. sí
4. sí
5. sí

ANSWERS Quiz 2-2B

I. Listening

A. (6 points: 1 point per item)
1. f
2. c
3. a
4. e
5. b
6. d

ANSWERS Quiz 2-3B

I. Listening

A. (8 points: 2 points per item)
1. a
2. d
3. c
4. b

I. Listening

A. **1.**   ANA   ¿Quieres un televisor o una radio?

MIGUEL   Quiero un televisor; ya tengo una radio.

2.   ANA   ¿Qué necesitas para la clase de inglés?

MIGUEL   Necesito un libro pero ya tengo un cuaderno.

3.   ANA   ¿Necesitas unos lápices?

MIGUEL   Sí, y también unos bolígrafos.

4.   ANA   ¿Qué quieres para tu cuarto?

MIGUEL   Quiero un teléfono y unos carteles.

5.   ANA   ¿Necesitas una goma de borrar para la clase de español?

MIGUEL   No, pero necesito un libro de español.

B.   FELIPE   Hola, me llamo Felipe. Y tú, ¿cómo te llamas?

ANDREA   Me llamo Andrea. Soy de México. ¿Y tú?

FELIPE   Soy de España. ¿Quieres ir al centro comercial?

ANDREA   Sí, pero, necesito organizar mi cuarto y hacer la tarea.

FELIPE   Sí, yo también necesito hacer la tarea, pero también necesito comprar una mochila.

ANDREA   Bueno, tengo que irme.

FELIPE   Pues, hasta luego, Andrea.

ANDREA   Adiós, Felipe. Hasta pronto.

Answers to Listening Activities in Chapter 2 Test

I. Listening Maximum Score: 30 points

A. (10 points: 2 points per item)
1. a
2. b
3. c
4. c
5. a

B. (20 points: 2 points per item)
6. b
7. b
8. a
9. a
10. b
11. a
12. b
13. b
14. a
15. a

Quiz 3-1 B Capítulo 3 Primer paso

I. Listening

  A. 1. —¿Qué hora es, señorita?
            —Son las cuatro y cuarto.
      2. —Perdón, ¿qué hora es?
            —Son las nueve y media.
      3. —Por favor, señor, ¿qué hora es?
            —Son las ocho menos diez.
      4. —Buenas tardes, Guillermo. ¿Qué hora es?
            —Son las cuatro y media.
      5. —Hola, señor, ¿qué hora es?
            —Son las doce menos cuarto.

Quiz 3-2B Capítulo 3 Segundo paso

I. Listening

  A. 1. ¿A qué hora es la clase de inglés?
      2. ¿A qué hora tienes la clase de español?
      3. ¿Cuándo tienes la clase de música?
      4. ¿Tienes una clase de francés?

Quiz 3-3B Capítulo 3 Tercer paso

I. Listening

  A. 1. Luis y Tomás son altos y rubios.
      2. Luisa es una chica muy bonita.
      3. Ellas son morenas y bajas.
      4. El señor García es muy estricto pero simpático.
      5. Mis amigos son divertidos.

ANSWERS Quiz 3-1B

I. Listening

A. (10 points: 2 points per item)
1. a
2. e
3. d
4. c
5. b

ANSWERS Quiz 3-2B

I. Listening

A. (8 points: 2 points per item)
1. b
2. c
3. c
4. b

ANSWERS Quiz 3-3B

I. Listening

A. (10 points: 2 points per item)
1. b
2. c
3. a
4. d
5. e

I. Listening

A. 1. Son las dos y cuarto y voy a la clase de educación física.
    2. ¿Qué clases tiene Pedro?
    3. Mi clase favorita es el francés.
    4. Mi clase de arte es muy aburrida.
    5. Mis amigas son altas.

B. BERNARDO   ¡Hola! Me llamo Bernardo. Tengo nuevas clases este semestre. Tengo clases de geografía, inglés, ciencias y arte. La clase de ciencias es muy interesante.
    LUPITA   ¿A qué hora es tu clase de arte?
    BERNARDO   Es a la una y veinte. Y tú, ¿qué clases tienes?
    LUPITA   Tengo clases de geografía, español, computación y ciencias. Mi clase favorita es la clase de geografía. Bernardo, ¿te gustan los partidos de béisbol?
    BERNARDO   Sí, me gustan, pero me gustan más los videojuegos porque son interesantes. ¿Te gustan?
    LUPITA   No, no me gustan porque son aburridos, pero me gustan los conciertos. Son muy divertidos.
    BERNARDO   A mí también me gustan. ¿Quieres ir a un concierto mañana a las ocho y media?
    LUPITA   Sí, quiero ir. Vamos a las ocho menos cuarto.
    BERNARDO   Bueno, hasta luego.

I. Listening Maximum Score: 30 points

A. (10 points: 2 points per item)
    1. c
    2. e
    3. d
    4. b
    5. a

B. (20 points: 2 points per item)
    6. b
    7. b
    8. a
    9. a
    10. a
    11. b
    12. b
    13. b
    14. a
    15. b

TESTING PROGRAM · SCRIPTS & ANSWERS

Quiz 4-1B Capítulo 4 Primer paso

I. Listening

A. 1. Marta escucha música por la noche.
2. Miguel pinta muy bien.
3. Javier, Beto y Pablo practican el fútbol.
4. Mis amigos montan en bicicleta.
5. Al señor Morales le gusta lavar la ropa.

Quiz 4-2B Capítulo 4 Segundo paso

I. Listening

A. 1. La lámpara está debajo del escritorio.
2. El cine está al lado del correo.
3. La biblioteca está al lado del correo.
4. Pablo está en el centro.
5. Luisa va a estudiar.

Quiz 4-3B Capítulo 4 Tercer paso

I. Listening

A. 1. CARLOS   ¿Adónde va Luis?
     ANA   Va al cine para mirar la película nueva.
2. CARLOS   Y tú, Ana, ¿adónde vas?
     ANA   Voy al gimnasio.
3. CARLOS   ¿Va al cine Pedro?
     ANA   No, va a la piscina porque le gusta nadar.
4.   ANA   Y tú, Carlos, ¿adónde vas ahora?
   CARLOS   Ya son las tres y media; voy a casa.
5.   ANA   ¿La señora Méndez?
   CARLOS   Necesita comprar estampillas. Va al correo.

Answers to Listening Activities in Quizzes 4-1B, 4-2B, 4-3B

ANSWERS Quiz 4-1B

I. Listening

A. (10 points: 2 points per item)
1. e
2. a
3. c
4. b
5. d

ANSWERS Quiz 4-2B

I. Listening

A. (10 points: 2 points per item)
1. a
2. d
3. c
4. e
5. b

ANSWERS Quiz 4-3B

I. Listening

A. (5 points: 1 point per item)
1. e
2. a
3. c
4. b
5. d

Listening Scripts for Chapter 4 Test

I. Listening

A. 1. El correo está al lado del supermercado.
    2. La biblioteca está cerca del correo.
    3. El gimnasio está encima de la casa de Luis.
    4. El hospital está lejos de la pizzería.
    5. La librería está debajo de la casa de Santiago.

B. 6. Tomás va a tomar refrescos con sus amigos.
    7. María y Luisa necesitan comprar libros de arte.
    8. Beto quiere comprar comida para el perro.
    9. A los niños les gusta nadar.
   10. María Inés necesita estudiar.

Answers to Listening Activities in Chapter 4 Test

I. Listening Maximum Score: 30 points

A. (15 points: 3 points per item)
1. b
2. a
3. b
4. a
5. a

B. (15 points: 3 points per item)
6. d
7. e
8. b
9. c
10. a

Quiz 5-1B Capítulo 5 Primer paso

I. Listening

A. 1.   RAMÓN   Oye, Luisa, ¿con qué frecuencia desayunas?
         LUISA   ¿Yo? Siempre. Me gusta mucho la comida.

   2.   RAMÓN   Y tú, Teresa, ¿siempre preparas la cena?
       TERESA   No, pero los fines de semana preparo la cena en casa.

   3.   RAMÓN   Alejandro, ¿lavas los platos en casa?
   ALEJANDRO   Sí, a veces, pero no es divertido.

   4.   RAMÓN   Y Juan Luis, ¿con qué frecuencia escuchas música?
   JUAN LUIS   Pues, en realidad, no me gusta; nunca escucho música.

   5.   RAMÓN   Enrique ¿todavía trabajas en la tienda los domingos?
   ENRIQUE   Sí, y los sábados también.

Quiz 5-2B Capítulo 5 Segundo paso

I. Listening

A. 1.   LUZ   ¿Beben ustedes jugo de naranja, Mario y Alejandro?
      MARIO   Sí, nos gusta mucho el jugo de naranja.

   2.   LUZ   ¿Dónde les gusta hacer ejercicio a Mari y Chela?
      LUISA   En el gimnasio.

   3.   LUZ   ¿Qué hace Susana?
   ADRIANA   Ella bucea en el lago.

   4.   LUZ   ¿Qué hacen las chicas?
      MARCO   Corren cinco millas por la playa.

   5.   LUZ   ¿Les gusta a Uds. comer un sándwich o una ensalada para el almuerzo?
      JUAN   Nos gusta comer un sándwich y beber leche.

Quiz 5-3B Capítulo 5 Tercer paso

I. Listening

A. 1. Hoy es el primero de enero en Nueva York. Hace mucho frío hoy.
   2. Hace mucho sol en Miami porque estamos en pleno verano.
   3. En Chicago es la primavera y hace mucho fresco.
   4. Es un día perfecto para esquiar aquí en Colorado. Hace mucho frío y nieva.
   5. Es otoño y hace fresco en Boston.

Answers to Listening Activities in Quizzes 5-1B, 5-2B, 5-3B

ANSWERS Quiz 5-1B

I. Listening

A. (10 points: 2 points per item)
1. siempre
2. los fines de semana
3. a veces
4. nunca
5. los fines de semana

ANSWERS Quiz 5-2B

I. Listening

A. (10 points: 2 points per item)
1. e
2. c
3. d
4. a
5. b

ANSWERS Quiz 5-3B

I. Listening

A. (10 points: 2 points per item)
1. d
2. b
3. a
4. d
5. c

Listening Scripts for Chapter 5 Test

I. Listening

A. 1. En el invierno la chica esquía en Colorado.
    2. Luis siempre nada cuando hace calor.
    3. A veces Raquel y Armando almuerzan en la cafetería.
    4. Los chicos corren en el parque en la primavera.
    5. A Juanita le gusta escribir cartas en la biblioteca.

B. BEATRIZ A mí me gusta mucho conocer gente nueva. Por eso me gusta ir a los restaurantes con mis amigos dos o tres veces a la semana.

    MEMO ¡Sí, ya sé, Beatriz! Tú puedes pasar toda la semana en conversaciones con tus amigos. A mí eso no me gusta para nada. Necesito hacer muchas cosas. Yo necesito ir al parque a correr todos los días... ¡Pero esquiar es mi actividad favorita!

    BEATRIZ Entonces, ¿por qué no vienes a Colorado con nosotros el cinco de marzo? Estamos planeando ir allá con Silvia y Fernando para las vacaciones de primavera.

    MEMO ¡Perfecto! Me gusta mucho la nieve... especialmente cuando hace sol y frío al mismo tiempo.

TESTING PROGRAM · SCRIPTS & ANSWERS

Answers to Listening Activities in Chapter 5 Test

I. Listening Maximum Score: 30 points

A. (15 points: 3 points per item)
1. c
2. a
3. e
4. d
5. b

B. (15 points: 3 points per item)
6. b
7. b
8. a
9. a
10. b

Listening Scripts for Quizzes 6-1B, 6-2B, 6-3B

Quiz 6-1B Capítulo 6 Primer paso

I. Listening

A. 1. Juana es mi tía.
   2. Pilar es la hermana de José.
   3. Rosa es mi abuela.
   4. Julia y Elena son mis primas.
   5. Juana es la abuela de Pedro.

Quiz 6-2B Capítulo 6 Segundo paso

I. Listening

A. 1. A veces son muy traviesos. Uno de ellos es delgado y el otro es gordo.
   2. Tiene ochenta años pero se ve joven. Tiene los ojos azules y el pelo blanco.
   3. Son personas muy especiales. Uno es alto y pelirrojo. Una es baja y un poco gorda.
   4. Es delgado y tiene los ojos de color café con pelo negro.
   5. Esta chica es pelirroja con ojos azules y es bastante delgada.

Quiz 6-3B Capítulo 6 Tercer paso

I. Listening

A. En mi casa hay mucho que hacer y todos ayudamos a mamá. Primero hago la cama y después paso la aspiradora. Mi mamá prepara el desayuno para nosotros y comemos juntos. Después del desayuno, mi papá limpia la cocina y luego mi hermano Pedro saca la basura. Por la tarde, mi hermana Juana trabaja con mamá en el jardín. Después de todo eso, la casa está en orden y todos descansamos un rato.

ANSWERS Quiz 6-1B

I. Listening

A. (10 points: 2 points per item)
1. sí
2. no
3. no
4. sí
5. no

ANSWERS Quiz 6-2B

I. Listening

A. (10 points: 2 points per item)
1. c
2. a
3. b
4. d
5. e

ANSWERS Quiz 6-3B

I. Listening

A. (10 points: 2 points per item)
1. d
2. b
3. c
4. e
5. a

TESTING PROGRAM · SCRIPTS & ANSWERS

I. Listening

A. Hola, me llamo Ana. Vivo en la ciudad de Concepción, Chile. Quiero presentarles a mi familia. Primero, a mi mamá. Se llama Olga. Es muy cariñosa y amable. Mi padre se llama Eduardo. Es cariñoso también pero un poco estricto. Mi tía Elsa y mi tío Luis viven en Valparaíso. Son muy simpáticos. Me gusta mucho visitarlos. Tienen una hija, mi prima Teresa. Mis abuelos viven en Valparaíso también. Mi abuela se llama Luisa Gómez de Pérez. Son muy cariñosos. Son viejos pero se ven muy jóvenes. Mi hermano mayor es Jorge. Es muy inteligente. Asiste a la universidad. Mi hermano menor se llama Eduardo. Lo quiero mucho, pero es un poco travieso. Bueno, ésta es mi familia. Somos todos muy unidos.

B. 6. — ¿Qué debes hacer en casa hoy?
        — Debo cuidar al gato.
    7. — ¿Qué hago para ayudar, papá?
        — ¿Por qué no cortas el césped?
    8. — ¿Pones la mesa hoy, Juan?
        — Sí, papá. Pongo la mesa todos los lunes.
    9. — A mi hermana María le gusta pasar la aspiradora.
        — Sí, me gusta porque soy muy organizada.

Answers to Listening Activities in Chapter 6 Test

I. Listening Maximum Score: 30 points

A. (15 points: 3 points per item)
1. e
2. d
3. a
4. c
5. b

B. (15 points: 3 points per item)
6. c
7. a
8. b
9. d
10. b

I. Listening

A.

GLORIA	¡Hola, Juan! ¿Qué tal?
JUAN	Bien, ¿y tú, Gloria?
GLORIA	Estoy bien. ¿Te gustan las clases nuevas?
JUAN	Sí. Mi clase favorita es la clase de inglés porque me gustan los idiomas. Y a ti, ¿te gustan tus clases?
GLORIA	Sí, más o menos, pero no me gusta la clase de francés porque es muy aburrida. Además, es demasiado temprano. Es a las ocho de la mañana.
JUAN	Oye, Gloria. No tengo reloj. ¿Qué hora es?
GLORIA	A ver... ya son las cuatro.
JUAN	Ay, estoy atrasado. Mi clase de baile es a las cuatro y media. Está muy lejos de aquí y necesito tomar el autobús.
GLORIA	¡Date prisa! Nos vemos mañana.

B.
6. Debes estudiar esta noche porque tienes un examen mañana.
7. Cuando necesito comprar cuadernos y libros voy a la librería.
8. Es divertido nadar cuando hace mucho calor.
9. Mi hermana tiene cinco años. Yo tengo quince años. Ella es mi hermana mayor.
10. Me gusta practicar deportes cuando estoy en la biblioteca.

C. 11.
ANA	Juanita, ¿qué clases tienes este semestre?
JUANITA	Tengo química, geometría, educación física, inglés, español y computación. ¿Y tú?
ANA	Tengo álgebra, geografía, inglés, arte, ciencias sociales y francés.

12.
FELIPE	Jorge, ¿ayudas mucho en casa?
JORGE	Claro, hombre. Pongo la mesa, saco la basura y corto el césped.
FELIPE	¡Qué trabajador! Oye, ¿quieres limpiar mi cuarto?

13.
DINORA	¿Qué hacen ustedes después de clases?
SILVIA	Depende, pero muchas veces vamos a tomar algo en un café o montamos en bicicleta.

14.
MELVIN	Es un buen día para ir al parque a jugar al fútbol, ¿verdad?
ENRIQUE	No, Melvin. Hace frío y va a llover.

15.
SANDRA	¿Cuántos hermanos tienes?
ERNESTO	Un hermano. No tengo una familia grande. Somos cuatro—mi mamá, mi papá y mi hermano mayor.

D. MERCEDES ¿Cómo son mis amigos? A ver... Mi amiga Luisa es bonita, morena y muy activa. Le encanta bailar. Mario es alto y delgado. Le encanta jugar al baloncesto. Beto es guapo y moreno. Es un amigo muy divertido. Dolores tiene el pelo largo y es delgada. Le gusta descansar y hablar con amigos. Y Jaime, pues Jaime es mi mejor amigo. Es guapo y moreno. Todos los fines de semana montamos en bicicleta juntos.

Answers to Listening Activities in Midterm Exam

I. Listening Maximum Score: 20 points

A. (5 points: 1 point per item)
1. c
2. a
3. b
4. c
5. a

B. (5 points: 1 point per item)
6. a
7. a
8. a
9. b
10. b

C. (5 points: 1 point per item)
11. d
12. c
13. a
14. e
15. b

D. (5 points: 1 point per item)
16. d
17. b
18. a
19. e
20. c

Listening Scripts for Quizzes 7-1B, 7-2B, 7-3B

Quiz 7-1B Capítulo 7 Primer paso

I. Listening

A. 1. ¿Te gustaría jugar al voleibol esta tarde?
    2. ¿Quieres estudiar conmigo?
    3. Me gustaría hablar con Claudia. ¿Está en casa?
    4. ¿Te gustaría ir al zoológico?
    5. Lo siento, pero Benito no está.

Quiz 7-2B Capítulo 7 Segundo paso

I. Listening

A. 1. El señor Martínez necesita afeitarse todos los días.
    2. Juanita no está lista. Todavía debe maquillarse.
    3. Gloria necesita ducharse todas las noches.
    4. El señor Gómez necesita lavarse los dientes.
    5. Luisa va a un baile más tarde; por eso tiene que peinarse.

Quiz 7-3B Capítulo 7 Tercer paso

I. Listening

A. 1. ¿Tienes ganas de cenar en mi casa esta noche?
    2. ¿Te gustaría ir al partido de béisbol mañana?
    3. ¿Quieres ir a tomar un refresco el sábado?
    4. ¿Tienes que estudiar esta noche?
    5. María quiere ir al concierto. ¿Quieres ir con nosotros?

ANSWERS Quiz 7-1 B

I. Listening

A. (10 points: 2 points per item)
1. a
2. a
3. b
4. b
5. b

ANSWERS Quiz 7-2B

I. Listening

A. (10 points: 2 points per item)
1. b
2. d
3. e
4. a
5. c

ANSWERS Quiz 7-3B

I. Listening

A. (10 points: 2 points per item)
1. e
2. a
3. d
4. c
5. b

Listening Scripts for Chapter 7 Test

I. Listening

A. 1. Después de jugar al béisbol, Luis debe _____.
2. Ellos no pueden ir porque no están bien. Creo que están _____.
3. Mi mamá no tiene mucho tiempo. Pienso que debe _____.
4. —¡Aló! ¿Está Marcela?
   —No, no está. ¿Quieres _____?
5. ¿Tienes ganas de ir al concierto conmigo?
6. Nos gustan mucho los animales. Vamos al _____.
7. ¿Qué piensas hacer esta tarde?

B. ¡Hola, María! Sí, soy yo [...] ¿Cómo estás? [...] Yo bien, gracias. [...] Gracias, María, pero no puedo ir contigo a ver los nuevos elefantes blancos. [...] Lo siento, pero el viernes tampoco puedo. Voy con mi clase de arte a ver una exposición de arte moderna. [...] ¿Y el sábado? Pues, también estoy ocupada. [...] Sí, se casa mi prima Julia. Voy a estar en la ceremonia, y tengo que estar allí a las doce. [...] Oye, María, espera un momentito. Estoy cuidando a mi hermanito Miguel, y él necesita un sándwich. Miguel, toma. Ahora vete a jugar en el patio, ¿quieres? [...] ¿Hola? Ya estoy aquí. [...] Sí, gracias. Creo que el martes puedo ir contigo para ver esa nueva comedia musical. ¡Qué buena idea!

I. Listening Maximum Score: 24 points

A. (14 points: 2 points per item)
1. b
2. a
3. c
4. a
5. c
6. b
7. c

B. (10 points: 2 points per item)
8. c
9. d
10. a
11. b
12. e

Quiz 8-1 B Capítulo 8 Primer paso

I. Listening

A.   LUISA   Roberto, ¿qué te gusta para el desayuno?

ROBERTO   Me encantan los huevos con tocino. ¿Y a ti?

LUISA   A mí me gusta el pan tostado o el pan dulce y para beber, me gusta la leche. Y tú, ¿qué prefieres tomar?

ROBERTO   Prefiero el jugo de naranja. También me gustan mucho las frutas, especialmente las toronjas.

Quiz 8-2B Capítulo 8 Segundo paso

I. Listening

A.   1. ¿Qué comes cuando tienes hambre?

2. ¿Qué tomas cuando tienes sed?

3. ¿Cómo está la sopa hoy?

4. ¿Qué hay para el desayuno?

5. La ensalada está deliciosa, ¿no?

Quiz 8-3B Capítulo 8 Tercer paso

I. Listening

A.   CLIENTE 1   ¿Cuánto son los batidos?

ROSITA   Son mil quinientos sucres cada uno.

CLIENTE 2   ¿Y la sopa? ¿Cuánto es?

ROSITA   La sopa es seis mil quinientos sucres.

CLIENTE 3   Quisiera saber cuánto es el bistec.

ROSITA   El bistec cuesta nueve mil cuatrocientos sucres.

CLIENTE 4   ¿Y cuánto es la ensalada?

ROSITA   ¿La ensalada? A ver. La ensalada es cuatro mil trescientos sucres.

CLIENTE 5   Dígame, por favor, ¿cuánto es el pollo?

ROSITA   El pollo es ocho mil setecientos cincuenta sucres.

Answers to Listening Activities in Quizzes 8-1B, 8-2B, 8-3B

ANSWERS Quiz 8-1B

I. Listening

A. (10 points: 2 points per item)

	Luisa	Roberto
1. huevos		✔
2. jugo de naranja		✔
3. leche	✔	
4. pan tostado	✔	
5. tocino		✔

ANSWERS Quiz 8-2B

I. Listening

A. (10 points: 2 points per item)
1. b
2. c
3. a
4. c
5. a

ANSWERS Quiz 8-3B

I. Listening

A. (10 points: 2 points per item)
1. 1.500
2. 6.500
3. 9.400
4. 4.300
5. 8.750

Listening Scripts for Chapter 8 Test

I. Listening

A. 1.   LUPE   Me encantan el arroz con pollo y las legumbres.

    2.   VICTORIA   De almuerzo quiero un sándwich de crema de maní y jalea. También quisiera una manzana.

    3.   HÉCTOR   Para mí un perro caliente, papitas y un vaso de té frío.

    4. SEBASTIÁN   Para el almuerzo me gustaría tomar una sopa, con un sándwich y un vaso de leche descremada.

B.   CARMIÑA   Muy bien. Creo que voy a pedir la sopa primero. Luego ¿me trae el arroz con pollo, por favor? Y para beber quisiera un vaso de leche.

  CAMARERO   ¿Y para usted señor?

    MIGUEL   Yo quiero un sándwich de jamón y queso. Póngame por favor mostaza, lechuga y tomate.

  CAMARERO   Muy bien, señor. ¿Y qué desea para tomar?

    MIGUEL   Para tomar, una taza de café por favor.

  CAMARERO   ¿Desean postre?

    MIGUEL   Sí. De postre, quisiera un flan, por favor.

   CARMIÑA   Para mí, el helado de chocolate.

I. Listening Maximum Score: 30 points

A. (8 points: 2 points per item)
1. a
2. c
3. d
4. b

B. (22 points: 2 points per item)
5. a
6. c
7. b
8. c
9. b
10. a
11. a
12. c
13. b
14. c
15. a

Quiz 9-1B Capítulo 9 Primer paso

I. Listening

A.   Voy a comprar unos aretes para mi mamá y para mi hermana menor quiero comprar unos zapatos rojos de cuero. Le voy a regalar unas flores a mi abuela. A Paco le voy a dar unos juguetes nuevos. A mi papá le compro una corbata muy cara.

Quiz 9-2B Capítulo 9 Segundo paso

I. Listening

A.   1.   TÚ   ¿Quién es Manolo?
          ROSA   Es el muchacho que lleva una camisa azul, pantalones blancos, botas pardas, pero no lleva un cinturón.
     2.   TÚ   ¿Quién es Anita?
          ROSA   Es la muchacha bonita. Lleva una blusa, una falda de rayas y sandalias.
     3.   TÚ   ¿Quién es Gloria?
          ROSA   Lleva un traje de baño de cuadros, pero no lleva zapatos.
     4.   TÚ   ¿Quién es Julio?
          ROSA   Es el muchacho que lleva pantalones cortos, una camiseta morada y zapatos de tenis.
     5.   TÚ   ¿Quién es Jorge?
          ROSA   Es el hombre viejo. Lleva un traje oscuro, una corbata amarilla y una camisa blanca.

Quiz 9-3B Capítulo 9 Tercer paso

I. Listening

A.   1.   ¿Cuál de estas camisetas prefieres?
     2.   ¿Cuánto cuestan estos pantalones?
     3.   ¿Es caro o barato ese collar?
     4.   ¿Son de cuero estas botas pardas?
     5.   ¿Te gustan los zapatos negros o los pardos?

ANSWERS Quiz 9-1B

I. Listening

A. (10 points: 2 points per item)
1. d
2. c
3. b
4. a
5. e

ANSWERS Quiz 9-2B

I. Listening

A. (10 points: 2 points per item)
1. d
2. b
3. e
4. a
5. c

ANSWERS Quiz 9-3B

I. Listening

A. (10 points: 2 points per item)
1. c
2. b
3. a
4. b
5. c

I. Listening

A. 1. Necesito comprar un traje de baño nuevo y unas sandalias.
    2. Yo busco un vestido de seda y unos zapatos bonitos para la cita con mi novio el sábado.
    3. Mi familia y yo necesitamos ropa nueva. Vamos a comprar unas chaquetas de lana y unas botas de cuero.
    4. ¡Qué bonita es esta falda de cuadros! Y la blusa de algodón también.
    5. Este traje es perfecto. También necesito una corbata de seda y una camisa amarilla.

B. CHANTAL ¿Qué piensas regalarle a tu hermano?
    ROGELIO Le voy a dar un par de botas mexicanas.
    CHANTAL Perfecto. Pero también piensas comprar un vestido de algodón para tu hermana Paula, ¿no?
    ROGELIO Sí, cierto, pero ¿no crees que ella va a preferir algo más formal?
    CHANTAL No, hombre. Además, tienen vestidos típicos mexicanos en el almacén. Y queda cerca de aquí, al lado de la Joyería Méndez.
    ROGELIO Bueno, pero ¿cuánto cuestan los vestidos allí? Son muy caros, ¿no?
    CHANTAL No es cierto. Son del mismo precio que los vestidos que compraste ayer y son muy bonitos. Ahora, ¿qué buscas para tu hermanito Julián?
    ROGELIO No sé. Le gustan los juegos de mesa, ¿sabes? Hay un juego mexicano que se llama Patolli.
    CHANTAL Buena idea. Ahora a ver... ¿dónde queda la tienda de juguetes?
    ROGELIO No sé. Pero primero vamos a la pastelería, ¿sí? Después de tanto pensar, ¡tengo hambre!

Answers to Listening Activities in Chapter 9 Test

I. Listening Maximum Score: 30 points

A. (15 points: 3 points per item)
1. b
2. a
3. d
4. c
5. a

B. (15 points: 3 points per item)
6. b
7. a
8. c
9. b
10. b

Quiz 10-1B Capítulo 10 Primer paso

I. Listening

A. 1. En mi casa todos están muy ocupados. Están preparándose para el Día de la Independencia. Mi abuela está cocinando mole. ¡Qué rico!
2. Mi mamá está limpiando el suelo de la cocina. Estoy seguro que va a pedir ayuda porque no le gusta limpiar.
3. Güita, mi hermana, está sacando la basura. ¡Qué bueno que ella lo tiene que hacer esta semana!
4. No sé por qué mi hermano mayor no ayuda. Parece que siempre tiene que hacer la tarea a la hora de limpiar la casa. Ahora está leyendo un libro en la sala.
5. Mi otro hermano, Luis, tiene que cuidar a mi hermanita porque mi mamá está ocupada en la cocina.

Quiz 10-2B Capítulo 10 Segundo paso

I. Listening

A. 1. ¿Me puedes ayudar a decorar la casa?
2. ¿Me haces el favor de mandar las invitaciones?
3. ¿Me traes unos discos compactos para la fiesta?
4. Oye, ¿me haces el favor de ir a la pastelería?
5. ¿Puedes llamar a Juan a invitarlo a la fiesta?
6. ¿Me ayudas a poner los regalos en mi cuarto?

Quiz 10-3B Capítulo 10 Tercer paso

I. Listening

A. 1. ¿Hablaste por teléfono anoche?
2. ¿Qué hizo Juan ayer?
3. ¿Lavaste la ropa anteayer?
4. ¿Compraste el pastel para la fiesta?
5. ¿Quiénes nadaron el Día de la Independencia?

ANSWERS Quiz 10-1B

I. Listening

A. (10 points: 2 points per item)
1. b
2. e
3. a
4. d
5. c

ANSWERS Quiz 10-2B

I. Listening

A. (12 points: 2 points per item)
1. b
2. c
3. f
4. a
5. d
6. e

ANSWERS Quiz 10-3B

I. Listening

A. (10 points: 2 points per item)
1. b
2. b
3. a
4. b
5. b

I. Listening

A. 1. Luis mandó las invitaciones para la fiesta.
    2. Mis abuelos van a visitarnos el dos de junio.
    3. Los jóvenes tocaron la guitarra en la fiesta.
    4. Patricia está cocinando arroz con pollo.
    5. Miré la televisión y escuché la música.
    6. Mi hermana está poniendo la mesa.
    7. Usted limpió la cocina anteayer.
    8. Voy a colgar las decoraciones el sábado.
    9. Todos mis amigos van a ir a la fiesta.
    10. ¿Estás preparando los tamales o haciendo el pastel?

B. 11. Este día es importante en la familia para mostrar que la madre es una persona especial. Todos nosotros hacemos de todo y le damos regalos a ella.
    12. Nosotros celebramos en la casa de mis abuelos. Vienen también los tíos y los primos. Tenemos una comida especial después de ir a misa a las doce. Recibimos muchos regalos especiales.
    13. Mi día favorito es un día especial para los novios. Les mando tarjetas a mis amigos y recibo dulces y flores de mi novio. Es el catorce de febrero.
    14. Este día es mi favorito porque tenemos vacaciones de la escuela. Vamos a la casa de mis abuelos y comemos una comida especial — pavo, papas, legumbres y postres deliciosos.
    15. Me importa esta celebración en la primavera porque es un día religioso. También a los niños les gusta buscar y encontrar huevos de colores que ponemos en el jardín.

I. Listening Maximum Score: 30 points

A. (20 points: 2 points per item)
1. a
2. c
3. a
4. b
5. a
6. b
7. a
8. c
9. c
10. b

B. (10 points: 2 points per item)
11. c
12. e
13. a
14. d
15. b

Listening Scripts for Quizzes 11-1B, 11-2B, 11-3B

Quiz 11-1B Capítulo 11 Primer paso

I. Listening

A. 1. — ¿Qué tal si vamos al gimnasio?
— Está bien. Necesito levantar pesas esta tarde.
2. — ¿Qué tienes? ¿Te sientes mal?
— No, me siento muy bien. Voy a nadar. ¿Quieres ir?
3. — ¿Por qué no vamos al parque hoy?
— Buena idea. Me gusta mucho patinar sobre ruedas.
4. — ¿Qué tal si vamos a la playa?
— Gracias, pero prefiero caminar por un rato.
5. — ¿Quieres ir conmigo a la playa?
— ¡Claro! Me encanta correr por la playa.

Quiz 11-2B Capítulo 11 Segundo paso

I. Listening

A. 1. Cuando estudio demasiado me duelen _____.
2. Cuando practico el piano, me duelen _____.
3. Cuando tengo tos, me duele _____.
4. Cuando corro mucho, me duelen _____.
5. Cuando estoy resfriada, me duele _____.
6. Cuando levanto pesas demasiado, me duelen _____.
7. Cuando como muchos dulces, me duele _____.
8. Cuando voy a un concierto de rock, me duelen _____.

Quiz 11-3B Capítulo 11 Tercer paso

I. Listening

A.
MARIO ¿Qué hicieron ustedes el sábado pasado?
OLGA Oye, Ernesto. Vamos a decirle a Mario qué hicimos el sábado pasado.
ERNESTO Está bien. Primero, fuimos a la tienda de música y compramos unos discos compactos.
OLGA Lo pasamos muy bien en esa tienda. A mí me encanta escuchar música nueva. Entonces, fuimos a la heladería a comer helado muy bueno y después, a la juguetería para comprar un regalo de cumpleaños.
ERNESTO Luego, yo fui a la biblioteca a estudiar porque tengo un examen. Y Olga fue a la piscina a nadar y hablarles a unas amigas.
MARIO ¿Y por la noche?
OLGA Ernesto no hizo nada importante. Jugó al fútbol, descansó y miró la televisión. Yo ayudé a mamá a cocinar, a lavar la ropa y a limpiar la casa. ¡Qué flojo es Ernesto!
ERNESTO Espera un momentito. Yo ayudé un poquito, saqué la basura y lavé los platos. Tú jugaste a las cartas antes de acostarte.
MARIO Pues, me parece que pasaron un día muy interesante.
OLGA Sí, es verdad. Adiós, Mario.
MARIO Hasta mañana.

ANSWERS Quiz 11-1B

I. Listening

    A. (10 points: 2 points per item)
        1. c
        2. a
        3. b
        4. d
        5. f

ANSWERS Quiz 11-2B

I. Listening

    A. (8 points: 1 point per item)

        1. e   5. c
        2. h   6. d
        3. a   7. b
        4. f   8. g

ANSWERS Quiz 11-3B

I. Listening

    A. (12 points: 2 points per item)
        1. b
        2. a
        3. b
        4. b
        5. a
        6. a

Listening Scripts for Chapter 11 Test

I. Listening

A.
1. Estamos en el restaurante y no tengo dinero para pagar la cuenta.
2. No puedo correr más. Estoy cansado.
3. Le escribo muchas cartas a mi abuela.
4. Tengo tos y me siento mal.
5. Mi novia va a vivir en otra ciudad.

B. Diálogo 1

ROSA   ¿Qué tienes, Luisa? Me parece que estás pálida.

LUISA   Estoy un poco resfriada y me duele la garganta, Rosa.

ROSA   ¿Por cuánto tiempo?

LUISA   Dos o tres días.

ROSA   Creo que debes ir a la clínica.

LUISA   No, porque no me gusta ir al médico. Mañana voy a estar mejor.

ROSA   Pues, estamos hablando de tu salud, Luisa. Debes ir a la clínica.

LUISA   Bueno, Rosa, voy a llamar al médico ahora mismo.

Diálogo 2

TOMÁS   ¿Qué te pasa, Eduardo? ¿Te sientes mal?

EDUARDO   Sí, me duelen las piernas y no puedo jugar al fútbol por una semana.

TOMÁS   ¿Qué te pasó?

EDUARDO   No sé, Tomás, pero el médico me dice que no debo asistir a la escuela ni caminar mucho. Creo que caminé demasiado anteayer.

TOMÁS   Lo siento. ¿Te duelen también los pies?

EDUARDO   No, pero tengo fiebre y me siento bastante mal.

TOMÁS   Pues, debes llamar al médico otra vez.

I. Listening Maximum Score: 30 points

A. (10 points: 2 points per item)
1. e
2. d
3. a
4. b
5. c

B. (20 points: 2 points per item)
6. a
7. a
8. b
9. b
10. a
11. a
12. b
13. a
14. b
15. a

Quiz 12-1B Capítulo 12 Primer paso

I. Listening

A. 1. Me gusta la playa y también el mar. En la playa del hotel, puedo tomar el sol. Cuando voy a la playa necesito llevar el bloqueador y los lentes del sol.
2. Pienso ir a hablar con la Profesora Méndez. Tengo un examen de historia mañana y no estoy preparado. Creo que debo estudiar más.
3. Me encanta visitar las ciudades grandes. En esta ciudad puedo ver los museos, ir al teatro y asistir a un concierto de música clásica.
4. No me siento muy bien. Me duelen los dedos y las manos porque practiqué el piano demasiado anoche.
5. Pienso comprar unos dulces para el cumpleaños de mi abuela. A mí me encantan los dulces pero cuando como demasiados, me duele el estómago. Sin embargo, sé que a ella le van a encantar.
6. Mi prima va a cumplir los quince años y necesito un regalo especial. Pienso regalarle un collar de oro o unos aretes de plata. A ella le encantan las joyas.

Quiz 12-2B Capítulo 12 Segundo paso

I. Listening

A. 1. Esta foto es mi favorita. A mi hermano le gusta acampar, pero tuvo muchos problemas con la tienda de camping.
2. En esta foto, mi hermana está saltando en paracaídas. Es muy peligroso, ¿sabes?
3. —¿Qué pasa en ésta? ¿Quiénes están tomando refrescos?
    —Ellos son mis amigos Roberto y Lorenzo.
4. En esta foto mi padre está escalando montañas en Colorado.
5. Y la última. Aquí está mi amigo Juan. Le encanta tomar el sol.

Quiz 12-3B Capítulo 12 Tercer paso

I. Listening

A.	JULIO	¿Adónde viajaron tú y tu familia el año pasado?
	MARTA	Uy, fuimos a muchos países... ¡viajamos por todo el mundo!
	JULIO	Bueno, pero... ¿adónde fueron primero?
	MARTA	Primero a China. Allí caminamos y bajamos el río en canoa. ¡Fue toda una aventura!
	JULIO	¿Y después?
	MARTA	Después fuimos a Egipto.
	JULIO	Y, ¿qué hiciste cuando fuiste allí?
	MARTA	Yo fui a visitar las pirámides, pero mi hermano Gabriel saltó en paracaídas. ¿Te imaginas?
	JULIO	¡Fantástico! Visitaste Francia también, ¿verdad?
	MARTA	Sí, luego fuimos a Francia, donde yo fui a la playa y tomé el sol.
	JULIO	¿Y por último?
	MARTA	Mi papá regresó a los Estados Unidos, pero yo fui a Alemania con mi mamá y con Gabriel. Allí escalé montañas con un grupo de viajeros de Italia... Y tú, Julio, ¿qué hiciste después de clases el año pasado?
	JULIO	¿Yo? ¡Nada! Trabajé todos los días y no fui a ningún lugar. Pero ahora tengo vacaciones.
	MARTA	Pues, debes hacer las maletas. ¡Tengo ganas de viajar otra vez! Quiero visitar Ecuador, Paraguay, Santo Domingo, España... (fade)

TESTING PROGRAM · SCRIPTS & ANSWERS

ANSWERS Quiz 12-1B

I. Listening

A. (12 points: 2 points per item)
1. b
2. c
3. e
4. d
5. f
6. a

ANSWERS Quiz 12-2B

I. Listening

A. (10 points: 2 points per item)
1. a
2. e
3. c
4. b
5. d

ANSWERS Quiz 12-3B

I. Listening

A. (14 points: 2 points per item)
1. b
2. a
3. d
4. c
5. a
6. b
7. a

Listening Scripts for Chapter 12 Test

I. Listening

A. 1. Algún día pienso viajar a Alemania.
    2. Tú y tu familia fueron a la China el verano pasado.
    3. Antonio jugó al jai alai en la Florida.
    4. Mi hermana quiere escalar montañas en enero.
    5. Salgo con mis amigos todas las tardes.
    6. Durante las últimas vacaciones no fui a ningún lugar.
    7. En Egipto visité las pirámides.
    8. Vas a hacer la maleta a las dos, ¿verdad?
    9. Todos los días a la una, miro mi programa favorito.
   10. ¿Qué haces todos los días después de clases?

B. 11. Tengo ganas de visitar a mi abuelo.
   12. Me gustaría explorar la selva.
   13. Me gustaría ir a Inglaterra para visitar Londres.
   14. Prefiero ir de vela con mis amigos cuando hace calor.
   15. A mí me gustaría llevar mi toalla y pasar el día tomando el sol.

Answers to Listening Activities in Chapter 12 Test

I. Listening Maximum Score: 30 points

A. (20 points: 2 points per item)
1. a
2. b
3. b
4. a
5. c
6. b
7. b
8. a
9. c
10. c

B. (10 points: 2 points per item)
11. b
12. d
13. c
14. e
15. a

Listening Scripts *for* Final Exam

I. Listening

A.

JORGE   Hola, Marta. ¿Cómo estás?

MARTA   Estupendo, ¿y tú?

JORGE   Muy bien. Oye, ¿qué piensas hacer durante las vacaciones de verano?

MARTA   Pienso viajar a América del Sur con mi familia. Nos gustaría visitar Brasil, Argentina y Chile. ¿Y tú? ¿Qué vas a hacer este verano?

JORGE   Me gustaría viajar a Puerto Rico para visitar a mis abuelos, pero no puedo. Tengo que trabajar mucho. Voy a trabajar en el Almacén García. Oye, tú vas a necesitar ropa para tu viaje, ¿no?

MARTA   Sí, en América del Sur es invierno ahora y hace mucho frío en Chile y Argentina. Pienso comprar una chaqueta nueva y unas botas de cuero.

JORGE   Maravilloso. Hay muchas gangas en el Almacén García y yo te puedo ayudar a encontrar cosas baratas. Pero en Brasil no va hacer mucho frío, ¿verdad?

MARTA   No. Además, pienso ir a la playa a tomar el sol y al Amazonas a bajar el río en canoa. A mis padres les gustaría hacer turismo en Rio de Janeiro y a mi hermana le gustaría escalar montañas. Por eso vamos a los Andes en Chile.

JORGE   Entonces, ¿también vas a comprar ropa para la playa?

MARTA   ¡Claro! Un traje de baño nuevo, unas sandalias y unos lentes de sol.

JORGE   Muy bien, Marta. ¿Te gustaría ir al Almacén García con toda tu familia?

MARTA   Por supuesto, Jorge. Nos encantan las gangas. Chao.

JORGE   Hasta pronto.

B.

6. Tengo que lavarme los dientes antes de comer.
7. ¿Me puede traer una decoración para el almuerzo?
8. ¡Tengo mucha sed! ¿Me puede traer el pan dulce?
9. Quisiera huevos con tocino para el desayuno.
10. ¡Uuy, qué frío! Me gustaría tomar un chocolate caliente.
11. Camarero, ¿me puede traer el menú?
12. ¿Te gustaría un flan para el postre?
13. ¡Tengo mucha hambre! Quisiera un café con leche, por favor.
14. Son dos galletas de propina.
15. ¡Los frijoles están deliciosos!

C.   16. Ayer, los estudiantes del 301 celebraron los quince años de Socorro Martínez. El baile terminó hasta la media noche.

17. Los estudiantes de la clase de deportes van a ir a escalar la Montaña Encantada en el mes de julio.

18. La señorita María Moliner va a ir de vacaciones a España. A partir de mañana, no hay clases de español.

19. Ayer, los Ticos de San José no jugaron al béisbol porque estudiaron para el examen de geografía.

20. Mañana, María Ferreti va a dar una clase de literatura argentina en el Salón 201 a las tres de la tarde.

21. El mes pasado, todos los estudiantes del Centro Unión celebraron el aniversario de su escuela.

22. En mayo, la cafetería de la escuela no va a servir limonadas. Sólo jugos de naranja y de mango.

23. Mañana inician las clases especiales de álgebra del profesor Rodríguez.

24. La semana pasada, los estudiantes de fotografía fueron a la fiesta de aniversario del profesor Cuartoscuro.

25. El domingo pasado, los Huracanes de Barcelona ganaron el partido de fútbol contra los Bombones de Madrid.

D.   26. —Son cincuenta dólares.
    —¡Cincuenta dólares por un collar! ¡Es un robo!

27. —¡Estas flores rojas son preciosas! ¿Tú crees que le gusten a mamá?
    —¡Claro! Estas flores y una tarjeta la van a hacer feliz el Día de las Madres.

28. —¡Qué zapatos tan bonitos! ¡Te quedan muy bien!
    —Y además, ¡son muy baratos!

29. —Señorita, ¿me puede decir el precio de este pastel de fresa?
    —Lo siento, pero ese pastel es para una fiesta de cumpleaños. ¿Le gustaría un pastel de chocolate?

30. —¡Me encantan los chocolates!
    —Pero yo prefiero los dulces.

Answers to Listening Activities in Final Exam

● **I. Listening** Maximum Score: 30 points

A. (5 points: 1 point per item)
1. b
2. a
3. a
4. b
5. b

B. (10 points: 1 point per item)

6. b		11. a
7. b		12. a
8. b		13. b
9. a		14. b
10. a		15. a

C. (10 points: 1 point per item)

16. a		21. a
17. b		22. b
18. b		23. b
19. a		24. a
20. b		25. a

D. (5 points: 1 point per item)
26. b
27. c
28. e
29. a
30. d